英语教学理论与实务研究

吴朝霞 孟文涛 代 倩 ◎ 著

吉林出版集团股份有限公司

版权所有 侵权必究

图书在版编目（CIP）数据

英语教学理论与实务研究 / 吴朝霞，孟文涛，代倩著. — 长春：吉林出版集团股份有限公司，2023.5
ISBN 978-7-5731-3557-5

Ⅰ. ①英⋯ Ⅱ. ①吴⋯ ②孟⋯ ③代⋯ Ⅲ. ①英语—教学改革—研究—高等学校 Ⅳ. ①H319.1

中国国家版本馆CIP数据核字（2023）第111995号

英语教学理论与实务研究
YINGYU JIAOXUE LILUN YU SHIWU YANJIU

著　者	吴朝霞　孟文涛　代　倩
出版策划	崔文辉
责任编辑	刘虹伯
封面设计	文　一
出　版	吉林出版集团股份有限公司
	（长春市福祉大路5788号，邮政编码：130118）
发　行	吉林出版集团译文图书经营有限公司
	（http://shop34896900.taobao.com）
电　话	总编办：0431-81629909　营销部：0431-81629880/81629900
印　刷	廊坊市广阳区九洲印刷厂
开　本	710mm×1000mm　1/16
字　数	302千字
印　张	13.75
版　次	2023年5月第1版
印　次	2023年5月第1次印刷
书　号	ISBN 978-7-5731-3557-5
定　价	78.00元

如发现印装质量问题，影响阅读，请与印刷厂联系调换。电话15901289808

前 言

英语作为一门贯穿于我国学校教育体系的语言学科，在跨文化交际环境下呈现出越来越重要的地位，它不只是衡量高校综合教育水平的重要指标，同时对大学生社会适应能力、工作能力、竞争能力等也有着重大影响。反观我国高校英语教育现状，长期以来都存在着较大的理论与实践的鸿沟，且"务虚"的理论教育思维表现更为强烈，导致"务实"的实践教育难以发挥英语语言属性的应用。

多元文化背景下，社会对大学生的英语能力要求在逐步提高，大学生不仅要具备一定的英语基础知识，还要能利用英语语言和文化知识实现跨文化交际，因此高校英语教育教学也应当顺应市场的变化进行创新和变革，构建以学生为本、实事求是，注重理论和实践相结合的科学教学模式。如何进行英语教育系统的改革和教学方法的创新，建设符合新形势下发展教育体系，提高学生英语学习兴趣和英语综合实践能力，实现英语教学效果和目标，是当代大学英语教育研究者必须思考的问题。本书主要介绍了英语教学的内涵，英语教学的发展与现状，英语教学的多元化基础理论，英语教学模式中的讲授型教学模式，以及我国高校英语教育实践等内容。

本书在写作过程中参考和借鉴了相关学者和专家的文献，在此一并表示衷心的感谢。由于笔者知识水平和时间有限，书中难免存在不足之处，敬请广大读者和相关学者批评指正。

目 录

第一章 绪 论 1
第一节 高校英语教学的内涵与现状 1
第二节 高校英语教学的影响因素与发展 13
第三节 英语课程与教学论的理论基础 19

第二章 高校英语教学的理论阐微 30
第一节 英语教学与图式理论 30
第二节 英语教学与支架理论 38
第三节 英语教学与人本主义学习理论 45
第四节 英语教学与多元智能理论 56

第三章 建构主义理论—认知学习理论的新发展 59
第一节 建构主义的理论依据 59
第二节 建构主义的主要内容 63
第三节 基于建构主义的教学方法 66
第四节 建构主义教学理论的不足 69

第四章 英语教学模式相关理论与实际应用 71
第一节 讲授型教学模式 71
第二节 交际型教学模式 78
第三节 "输入—输出"教学模式 80
第四节 自主学习模式 83
第五节 情感教学模式 87

第五章 英语语言知识教学理论与实际应用 ... 89
第一节 词汇教学 ... 89
第二节 语法教学 ... 91

第六章 英语语言技能教学理论与实务 ... 98
第一节 听力教学 ... 98
第二节 口语教学 ... 104

第七章 高校英语多元化教学理论与实践 ... 108
第一节 高校英语文化教学理论与实践 ... 108
第二节 高校英语情感教学理论与实践 ... 118
第三节 高校英语自主学习理论与实践 ... 121
第四节 高校英语网络教学理论与实践 ... 128

第八章 高校英语教学理论与实践的创新探索 ... 141
第一节 个性化教学与实践 ... 141
第二节 ESL 和 EFL 教学与实践 ... 156
第三节 ESP 教学与实践 ... 166

第九章 跨文化视域下高校英语教学的新发展 ... 176
第一节 创新教学模式 ... 176
第二节 实施线上线下混合式教学 ... 195
第三节 鼓励学生自主学习 ... 203

参考文献 ... 213

第一章 绪 论

第一节 高校英语教学的内涵与现状

一、英语教学的内涵

（一）英语教学的定义

在了解英语教学的内涵之前，需要对教学这一概念进行了解和掌握。由于对教学的关注点不同，不同学者的定义也有所差异。"教学"应该包含两个层面的关系：教与学是一种并列的关系；教学是一种教授学习的使动关系。从两个角度出发，能够看出教学的辩证关系和双向关系：教与学是息息相关的，学是教的基础，从学的角度出发，并以学为目标。教的规律和学的规律在一定程度上是统一的。

《朗文词典》将 teaching 定义为"教书、教学"。此外，它还将 teachings 阐述为"教导、学说、教义"的意思。由于在我国英语是外语，因此缺乏一定的语言使用环境与使用对象，这就对英语教学提出了难题。可以说，英语教学能够直接影响学习者的英语水平和语言运用能力。对教师而言，教学是引导学生学习的教育活动；而对学生来说，教学则是在教师的引导下的学习活动。学生是否得到发展是教学能否实现其目标的关键。教学是一个师生互动的过程，是教师教和学生学共同完成预定任务的双边统一的活动。

具体来说，英语教学的内涵主要体现在以下几个方面：一是英语教学是有目的的活动。不同阶段有着不同的目标，而教学目标又具体分为不同的领域与层次。二是英语教学带有系统性和计划性，这种系统性主要体现在其制定者主要为教育行政机构、教研部门和学校的教学管理者等。英语教学的计划性指的是对英语基础知识的计划性教学，如英语语音、词汇、语法、写作、阅读等具体知识和技能的传递。三是英语教学需要采取合理的教学方法、教育技术和现代科学技术，尤其是信息技术的发展，为英语教学提供了多种可以借助的教育技术。

综上所述，我们可以将英语教学的内涵概括为：教师依据一定的英语教学目的与教学目标，在有计划的、系统性的过程中，借助一定的方法和技术，以传授和掌握英语知识为基础，促进学生整体素质发展的教与学相统一的教育活动。

（二）英语教学的本质

1. 英语教学是一种语言教学

英语是一种重要的国际交际语言，因此英语教学便是一种语言教学。语言教学的目的是培养学生使用语言的能力。从外语教学的发展历史来看，外语教学离不开外语知识教学，以外语知识为基础的外语教学更有利于学生运用外语能力的培养。

因此，英语教学作为语言教学，其本质应该是培养学生综合运用英语的能力。需要特别指出的是，一些以学习语言知识而进行专门研究的语言教学并不是以运用语言为目的的，因此相关教学并不属于语言教学的范畴，如古希腊语、古汉语等。这些语言在当今社会几乎不再使用，因此这种语言学习需要和一般语言教学区分开。

2. 英语教学是一种文化教学

文化孕育语言，语言反映文化，二者有着密切的联系。在进行英语教学的过程中，不仅需要学习者了解基本的语言知识，同时还需要培养和提高其英语思维能力，从而便于日后的语言使用。从这个意义上说，英语教学也是一种文化教学。

（三）英语教学的要素

1. 教师和学生

教师的角色是指教师在教学中的职责及其职业特点。随着教学改革的开展，教师角色的内涵变得更为丰富，不再只是知识的传授者和教学的主宰者。当代教师角色的新的内涵主要包括：教师是知识的传授者，课堂的引导者，行为的评价者，活动的组织者和促进者、参加者，教学的研究者和学生学习的激励者。

教师的责任不只是传授知识，还应教授学生做人的道理；教师作为课堂的引导者，在教学活动中应充分发挥其主导作用，既要控制好学生的学习情况，又应注意把控课堂、教案的执行程序以及教学时间；行为的评价者指教师在教学过程中记录下不同学生在学习上的问题以及不足之处，同时适时地予以反馈。需要注意的一点是，教师纠正学生错误时，应注意措辞，尽可能以学生能接受的形式加以纠正，避免伤害学生的自尊。教师是课堂活动的组织者和促进者，由于学生是课堂活动的主要参与者，因此教师在组织活动时应首先考虑到学生因素，将教学活动的目的、任务、开展的方式以及流程等告诉学生，便于他们了解活动的各个环节，从而使其行为更具针对性，以便顺利达成活动目的。学生在学习过程中遇到困难在所难免，此时教师应为学生提供相应的帮助，引导学生将当前所学的内容与已有的知识结合起来，形成一种新的知识建构。

此外，教师还是参与者、研究者、激励者。在教学活动中，教师可为学生提供丰富的背景知识、答案、范例、机会等，这些都会促进学生的学习。教师在教授知识的同时也在进行教学研究，在教学过程中不断发现问题并解决问题，将课堂教学与科学研究结合起来完善自己的教学活动。作为激励者，要以学生为中心，引导并鼓励学生进行学习。要做到这一点，教师必须具备丰富的知识和教学经验，同时具有激励学生的能力。由上述分析可知，教师的角色多种多样，这些不同的角色都是社会、学校、家长以及学生期望的反映。一名合格的教师应能灵活地在这些角色之间进行转换，充分发挥自己的作用。

英语教学应面向全体学生，以学生学习方式为核心，注重培养学生的学习愿望、学习习惯以及学习能力，同时还应关注学生自我评价、评价激励、反馈和调整功能，使学生获得全面和终身发展。这些都赋予了学生新的角色意义。具体而言，学生主要扮演主体、参与者、合作者、反馈者这四种角色。

学生是学习的主体，英语教学活动要坚持学生的主体地位。在学习过程中，学生应主动参与，积极思考，敢于表达自己的思想与观点，将个人的才能尽量展示出来；作为教学活动的参与者，在英语教学过程中，教师应注意激发学生的兴趣与动机，使他们积极地参与到教学活动中去，让学生乐于学习；英语学习是在师生、学生之间进行的，因此学生的学习过程必然要与他人合作，学生在学习中通过协商与互助，彼此促进，最终实现共同提高；作为反馈者，学生以个体的学习情况以及教学法的适用性为依据，向教师提出相关的意见与建议，促使教师对教学方法与教学内容加以调整、改进，最终提高英语教学的效率。

2. 教学内容和教学方法

（1）教学内容

教学内容主要包括语言知识、语言技能、学习策略、文化意识和情感态度这五个方面。

语言知识是英语综合运用能力的一个组成部分，同时也是语言学习和运用的重要方面。学生语言能力的提高必须以扎实的语言知识为基础。英语基础知识主要包括语音、词汇、语法、功能和话题等内容。这五个方面的内容并不是独立存在的，而是相互影响、相互作用的。语音、词汇和语法（语言形式）可以在一定的话题中得到体现。学生在运用语言时，不仅要具备话题知识，还应掌握语言形式在一定话题中所具有的功能。只有当他们既掌握语音、词汇和语法，又具备语言功能和话题方面的知识时，才能在交际中恰当地运用语言。

语言技能包括听、说、读、写、译这五项内容。在这五项基本技能中，听是对话语进行分辨与理解的能力；说是运用口语进行表达的能力，也是运用口语输出信息的能力；读是对书面语言进行辨认与理解的能力；写则是运用书面语进行表达的能力，也是运用书面语输出信息的能力；译是综合运用语言进行输入与输出的能力。学生英语综合运用能力的提升是建立在大量听、说、读、写、译的专项和综合性语言实践活动基础之上的，从而服务于真实的语言交际。需要指出的一点是，在不同的教学阶段，对学生的语言技能要求是不同的。

学习策略指学生在学习过程中采取的各种行动和步骤，以提高学习的有效性。英语的学习策略包括认知策略、调控策略、交际策略和资源策略等。正确的学习策略有助于改进英语学习方式，提高英语学习效果，同时也有助于学生进行自主学习和独立学习，为学生的终身学习奠定基础。因此，在英语教学中，教师要有意识地引导学生形成符合自身特点的学习策略，并对自己的学习过程与学习效果进行监控和反思，培养学生根据学习风格调整学习策略的能力。同时，教师还要引导学生观察与分析他人的学习策略，与其他同学交流学习体会，尝试不同的学习策略，互相借鉴，共同进步。

文化意识也是英语教学内容的一个重要组成部分。在英语教学中，文化主要是指英语国家的历史地理、风土人情、文学艺术、价值观念等。语言与文化之间的关系十分密切。语言是文化的载体，又是文化的反映，学习英语必然要学习英语国家的文化知识。因此，在英语教学的过程中，教师应注意文化意识的传递，结合学生的年龄特点及认知能力，向学生传授文化知识，培养他们的文化意识和世界意识。此外，教师还应注意引导学生了解其他民族的优秀文化的同时更好地继承、发扬中华优秀传统文化，培养学生形成"传承文明，开拓创新"的意识和能力。

情感态度主要包括两个方面：一方面是对学生学习过程和学习效果具有影响的因素，如兴趣、动机、自信、意志和合作精神等；另一方面是学生在学习过程中逐渐形成的祖国意识和国际视野。在学习过程中，学生通常会受到各种情感因素，如价值观、意志、理智、动机及教师的性格、态度、情感投入、教学风格等的影响。因此，在英语教学过程中，教师还要对学生的情感予以关注，帮助学生形成积极向上的情感态度。具体而言，教师应注意激发并强化学生的学习兴趣，同时引导学生逐渐将兴趣转化为稳定的学习动机，增强自信心，正确看待学习过程中的进步与不足，培养团队合作意识与创新精神，并养成良好的个人品格。

（2）教学方法

教学方法有很多种，正确的教学方法能有效地促进英语教学的发展。这些教学方法包括翻译法、直接法、自觉对比法、听说法、视听法、认知法、功能法以及由此派生出来的口语法、全身反应法、自然法、暗示法、沉默法、交际法等。实践证明，没有哪一种教学法是最好的，也没有哪一种方法适用于所有时期、所有地区、所有教学的内容。不同的教学法对不同的语言知识、语言技能各有侧重，这就要求教师在英语教学中综合、灵活地运用各种教学方法，这样才能有效促进学生英语能力的提高以及学生的全面发展。如果教师仅仅采用单一的教学法，必然会影响学生的学习效果。需要说明的一点是，在英语教学中，教师无论选择使用哪种教学方法，都必须以学生的语言交际作为教学的出发点，尽可能使课堂教学贴近学生的生活实际，引导并鼓励学生将所学的语言材料灵活地运用于新的生活场景中。同时，教师应力求使教学过程交际化，选用来自真实生活的且适合学生年龄特点的教材内容。

3.教材和教学环境

教材既是英语课堂教学的依据，又是学生学习的载体，学生习得英语语言主要是通过教材。由于教材编写水平与资料有限，任何教材的编写都难免存在一些缺陷。这就要求教师在课堂教学中要灵活处理不同的教材，考虑学生的感受，对教学进度和教学方法进行适当的调整，以提高教学效果。教师要懂得因材施教、因人施教。

教学环境主要由三种要素构成：社会环境、学校环境以及个人环境。社会环境指的是社会对英语的需求情况、社会制度、国家的教育方针、外语教育政策、经济发展状况、科学技术水平以及人文精神。社会环境是影响英语教学的首要因素，指引着英语教学的方向。学校环境是学生学习外语知识的主要环境，对英语教学效果具有直接的影响作用。学校环境由多种成分组成，如课堂的设置、学生接触英语的时间、教学设施、教师的素质、班级人际关系等。个人环境主要包括学生家庭成员的职业类型、经济条件，对英语的态度，与同学、朋友之间的关系和感情，以及学生自己所拥有的学习设备、用具等。

二、高校英语教学的现状

（一）英语基础知识教学存在的问题

1.语音教学存在的问题

（1）对语音教学的内容和任务把握不够

有一部分教师误以为语音教学就是教字母、单词的读音和国际音标。事实上，这种观点反映了其对语音教学内容的认识缺陷。因为语调、重音等同样是语音教学的重要内容。但有的英语教师只关心前面几项内容，而忽视了后面几项内容，这就很容易造成学生发音、拼读尚可，但语调不过关，语流不畅，最后导致学生读不清楚、说不明白，甚至会因为语调使用错误而引起他人的误解。因此，英语语音教学不能只停留在单个因素和单词读音的层面上，还应在音长、重音、语调、停顿、节奏等方面对学生进行重点训练。

（2）对语音教学的认识不足

对语音教学的认识不足主要表现在两个方面：一是对语音教学的重视不够，二是缺乏对语音教学长期性的认识。

作为语言存在的基础，语音是英语教学的第一步。可以说，世界上所有的语言不一定都有文字形式，但却一定有各自的语音。因此，英语语音教学也应该是整个高校英语教学发展的起点。然而在实际教学中，一些教师对语音教学并不重视，这一点主要表现为对学生的发音问题（如浊辅音发成清辅音、短元音发成长元音等）不认真纠正，致使学生的语音基本技巧不成熟，无法快速地将字母和语音联系起来，达不到直接反应的水平。总之，对语音教学的重视不够直接导致了学生发音不准、语流不畅、语音不地道等问题。

此外，还缺乏语音教学长期性的认识。一些教师和学生认为，语音作为一项基础知识，只存在于英语教与学的初级阶段，大学阶段无须再开展语音教学。这种观点是不正确的。事实上，语音教学应该贯穿于英语教学的全过程。这点常被一部分教师所忽视，导致学生的语音越来越差。高年级学生开口能力和习惯反而不如低年级学生。这些问题的产生都和教师对语音教学的长期性认识不够有很大的关系。因为语音是一种技巧性能力，"久熟不如常练"，语音的学习自然就需要经常练习。教师不仅要指导学生练习，还需要自己不断地进行纠音和正调。需要指出的是，大学阶段的英语语音教学可不必将重点放在孤立的发音上，而应将语音教学融入语法、词汇、句型、课文教学和听、说、读、写训练之中，结合语境才能更好地使学生的语音得到改善。

（3）教师语音不标准

教师作为学生学习的榜样，其发音的准确、地道与否都直接影响了学生对语音的学习。然而，由于地区差异等原因，部分英语教师自身也存在发音不准确的问题。还有一些英语教师甚至不能区分英式发音和美式发音。

（4）学生语音练习机会少

大学阶段的语音教学不像初学英语时那样，教师不会再用专门的几节课讲授语音知识。非英语专业的高校英语教学并无专门的语音课，语音是和其他语言知识与语言技能一起进行综合教学的。平均下来，教师分配给语音教学的时间本来就少，而用于语音练习的时间就更少了。这是英语语音教学中的一个显著问题，也是学生英语语音学习效果不佳的一个重要原因。

2. 词汇教学存在的问题

（1）词汇教学现状表现在教学方法单一

词汇是学生学习英语时最常见的要素之一，也是学习中最令学生头疼的部分之一。很多学生都存在记得快、忘得也快的问题，这一现状与教师词汇教学的方法不好不无关联。一些教师依然采用传统的词汇教学方法，即"老师领读、学生跟读—老师讲解重点词汇用法—学生读写记忆"。这种教学方法单调、乏味，学生处于被动的学习地位，这无疑加剧了学生对词汇学习的抵触情绪，导致教与学的效果都不会太好。对此，教师必须重视词汇教学方法的更新，要采用多样、有趣的词汇教学方法来调动学生的积极性，提高学生学习词汇的兴趣。

（2）忽视学生的主体地位

学生是学习的主体，其自身的各项因素都直接决定了学习的效果。现代教育观认为，只有突出学生的主体地位，教学才能收到令人满意的效果。然而，这种主体地位在实际的英语教学中仍未得到很好的体现，词汇教学也不例外。词汇教学本应注重对学生智力的开发，重视对学生的观察力、记忆力、想象力、思维能力以及创造能力的培养。而现实情况是，一些教师仍然采用纯讲授的单线教学，将词汇的发音、意思、搭配等知识一股脑儿地灌输给学生，也不管学生需不需要、有没有兴趣，导致词汇教学效果明显不佳。实际上，学生进入大学阶段时，大多有了一定的英语词汇基础，且有能力对相关的词汇规律进行归纳和总结。因此，教师应发挥引导作用，使学生逐渐能够独立思考和总结，发现词汇规律，掌握词汇学习的方法，这样才能使学生的词汇学习事半功倍。

（3）与实际生活联系不够以及缺乏系统性

人们往往对自己熟悉的、与自己有关的事物更加关心。因此，教师也应将词汇与学生生活联系起来，以激发学生更大的学习兴趣。然而，一些教师仍然采用黑板和口头讲述单词，词汇与实际生活的联系也十分微弱。不能使词汇学习与学生的实际生活联系起来就难以引起学生的词汇学习兴趣，也无法因材施教。

3. 语法教学存在的问题

（1）教学方法单一

高校英语语法教学方法单一的问题体现在：一些教师经常甚至只使用"先讲语法规则，后做练习"的教学方法。这种教学方法使学生处于被动地接受地位，无法调动学生学习的积极性。学生听的时候似乎明白了，用的时候又倍感困惑。尤其是当几个语法现象同时出现的时候，学生往往就会不知所措。因此，面对复杂而繁多的语法条目，教师务必要注意教学手段的多样性，深化学生对语法条目的理解和记忆，使学生学会使用语法，而不是单纯地背诵语法规则。

（2）教材与大纲不协调

教材是课堂教学的依据，教材质量的好坏对教学目的的实现、教学方法的选用都有很大的影响。随着社会的进步和发展，社会对大学毕业生的要求也日益提高，落后的语法教材显然已经不能适应学生充分交际的要求。它一方面束缚了教师的手脚，另一方面也限制了学生的实际应用能力。因此，作为教学依托和指导的传统语法教材应由交际语法教材取而代之。这有利于学习者运用语法发展交际能力。

（3）语法地位降低

语法教学在我国英语教学中一度占据核心地位。一提到英语教学，人们自然而然地想到语法。然而随着在此观点指导下的英语教学弊端逐渐暴露，大量淡化英语语法教学的现象也随之逐渐显露。有人认为，学生小学就开始学语法，到大学阶段语法学习已基本完毕，无须重复。还有人认为，试卷中考查语法的题目较少，分值比重也很少，不值得花费太多的精力去学习。因此，语法教学又一度失宠。事实上，前面两种观点都是有失偏颇的。

（4）学生语法运用能力差

学生对语法的运用能力差主要表现在语法知识的掌握和交际技能的运用之间存在落差。长期以来，传统的英语教学过分注重对学生语法知识的传授，即使到了大学阶段，英语教学也仍以传统的教学方法来进行，通过反复模仿来巩固学生的英语基础知识。因此，学生最后虽然掌握了语法知识，语法规则背得头头是道，却并不具备语法能力，在实际运用中错误百出，以至于学生虽然学了十几年的英语语法规则，但在现实交际的过程中的效果却不尽如人意。

（二）英语技能教学现状

1. 听力教学存在的问题

听力教学现状包括教学模式机械化、听力时间不足、教材现状不佳和学生听力基础薄弱四个方面。

机械化听力教学的机械化表现为教学模式程式化，即大多数教师都采用"听录音—对答案——教师讲解"的模式开展听力教学。这种模式下的听力教学不仅缺乏对学生的有效监督，还忽视了学生对语篇的整体理解，只是毫无目标地、机械地播放录音，一遍不行就放第二遍、第三遍，教师盲目地教，学生盲目地听，而且听的时候也不认真，听完就等着对答案、听讲解，并没有强烈的学习动力。

听力水平的提高需要大量的练习做保障，但很多学生课下就将学习抛在脑后，很少主动练习听力，因此听力学习的时间主要集中在课堂上。然而，非英语专业的高校英语听力教学并未独立出来，而是和其他内容一起教授。但一节课的时间有限，而且也不可能全部用于听力，因此学生能够听的时间其实很少。听力作为一种综合性技能，它的提高并非一朝一夕能够实现的，这都导致学生的听力水平难以提高。

教材对教学活动的组织安排具有很大的指导作用。好的听力教材不仅可以丰富学生的文化素质，还可以开阔学生的视野。而质量不佳的教材就会对教与学产生种种阻碍。我国部分高等院校使用的听力教材就存在内容陈旧、编排不合理等问题。这些教材既不能反映迅速变化的时代，又无法体现最新的教学思想和教学方法，因此也难以在听力教学中起到良好的辅助作用。

2. 口语教学存在的问题

第一，教学方法滞后。长期以来，我国的英语教学将大部分注意力都放在了语法和阅读的教学上，这就导致教师对口语教学的关注不够，口语教学的方法也并未得到及时更新。"讲解—练习—运用"是我国高校英语口语教学的常用方法。这看起来并无不妥，但实际上却将学生置于被动地接受地位，学生在没有语境的情况下做大量机械的替换、造句等练习，根本无法有效地提高口头表达能力。

第二，课时不足。和听力教学一样，口语教学也并未被独立出来进行专门教授，这就意味着口语教学的时间很难得到保证。然而，口语能力的提高通常需要花费大量的时间，进行大量的实践，而教学时间的不足直接制约了教学效果的提高。教学时间的不足是英语口语教学的硬伤，直接导致了学生的口语能力低下。

第三，缺乏配套教材。有调查显示，适用于非英语专业的高校英语口语教材十分少见。大多数英语教材都将口语训练当作听力训练的延展附在听力训练之后，且内容简短、缺乏系统性。这就很容易使教师和学生轻视口语的教与学。尽管市场上也有一小部分口语教材，但实用性不佳。这些教材要么是专门针对某一专业、某些领域的口语教材，难度太大；要么是有关简单的问候、介绍、谈论天气时常用语的教材，过于简单。这些教材都难以承担辅助口语教学的重任。

第四，学生口语能力差，心理压力大。我国学生在学习英语口语时，难免受汉语的影响，而存在各种各样的问题。例如，有的学生发音不准，影响了语义的表达；有的学生带有地方口音，听起来十分可笑；还有的学生不能准确使用语调、重音等，影响口语表达的标准性，甚至改变了发话人的本意。另外，由于缺乏练习，学生也很难将学到的词汇、语法用在口头表达中，因而造成无话可说或不知如何去说的尴尬。

受传统教育观念的影响，英语教学的重点通常被放在阅读和写作上，口语教学就被忽视掉了。这就导致学生缺乏口语练习，口语基础薄弱，即使日后意识到了口语的重要性，也总是心虚、不自信。虽然有些学生的口语能力不像他们自己想象得那么差，却仍然不愿意开口说英语。即使有一小部分学生愿意口头交流，也总是带有紧张不安的情绪，担心自己说错、被批评、被耻笑。这些负面情绪对口语水平的提高影响极坏。

3. 阅读教学存在的问题

（1）阅读教学存在的问题表现在教学观念有误

阅读教学一向是高校英语教学的重点。尽管如此，一些高校英语阅读教学观念却存在以下两个严重的错误：

第一，将阅读教学混同于词汇教学、语法教学。教师常常过分重视语言知识的传授，抓住一个单词、语法点大讲特讲，阅读教学呈现"讲解生词逐句逐段分析对答案"的定式，忽视了学生对语篇的理解、从语篇中获取信息能力的培养。

造成这一问题的根本原因就是阅读教学观念的不正确。教师对阅读教学的目标认识不清晰，导致阅读教学成为语法、词汇教学，学生的阅读能力并未得到提高。

第二，将阅读速度等同于阅读能力。有些教师认为，阅读速度加快了就意味着阅读能力提高了，并据此来开展教学活动。事实上，这一观点是错误的。有些学生即使阅读得很快，但理解不佳；有些学生阅读得很慢，理解也不好。因此，阅读速度和阅读能力没有必然联系。阅读的速度应根据阅读目的来确定，配合一定的阅读技巧来实现。若只需要掌握文章大意，就可采用浏览的方式来阅读，不必字字细读。若要掌握某个细节事实，就应先浏览，确定所需信息的位置，然后细读该部分。

（2）教学方法落后

"教师布置阅读任务—学生阅读并做题—教师对答案、讲解"的教学模式已经成为一些教师的固定模式，被不加考虑地一再沿用。这种教学方法的应试性比较高，因而显得十分死板。学生的阅读习惯、阅读技巧等均得不到培养，主体地位得不到突出，主观能动性得不到发挥，学习兴趣更得不到培养，阅读教学的效果可想而知。

（3）课程设置不合理

有些学校、教师错误地认为阅读教学是英语教学的附属品，因而对阅读课程教学目标、教学计划的设计不甚在意，阅读教学的课时、课程设计、师资力量以及教学组织得不到保证，直接影响了阅读教学的效果。另外，精读与泛读的课程设置也明显地"厚此薄彼"。很多高校从大一到大四都安排给精读很多课时，而泛读则几乎没有。这种重精读、轻泛读的现象加剧了教师和学生对阅读的误解（即学习词汇、语法知识），而由泛读培养起来的阅读技巧得不到任何发展。这显然使阅读教学误入歧途。

第二节　高校英语教学的影响因素与发展

一、高校英语教学的影响因素

（一）教师

教师是高校英语教学的重要因素，在英语教学中起着主导作用。在英语课堂上，教师主要充当两种角色，即掌控者和引导者。作为一名合格的英语教师，首先应该具有纯正的发音。然而，并非所有的英语教师都具有纯正的发音，所以教师可借助多媒体等手段来弥补自己的不足，确保学生在课堂上所听的内容都是纯正的。同时，教师在讲解单词、句子、课文时，应该穿插一些解释，对难懂的词语要不断地重复讲解。在多数英语课堂上，教师的讲话占据课堂的大部分时间，不可否认，教师的讲话有利于学生的语言习得，但也不能因此牺牲学生的练习时间。同时，教师还要注意不断变化教学的形式，以增强课堂的趣味性。一位合格的英语教师还应具有一定的应变能力，能预测课堂活动中出现的状况，能很好地处理课堂上的突发事件，确保课堂活动的有序开展。

此外，教师还应该随时调整自己的提问方式、语言运用、提供反馈的方式。在英语课堂中，提问是教师常用的一种教学手段。通过提问，可以有效激发学生的学习兴趣，促使学生积极思考，帮助教师对某些知识结构进行诱导。另外，语言运用的方式也很重要，为了让学生对所讲述的知识有一个充分的了解，教师在教学中可以采用重复话语、降低语速、增加停顿、改变发音、调整措辞、简化语法规则、调整语篇等措施。学生是英语教学的重要反馈者，同样，教师的反馈也是十分重要的。所谓提供反馈就是指教师为学生的学习情况提供反馈。教师的反馈可以是对学生话语的回答，如表示学生问答正确或错误、赞扬鼓励、扩展学生的答案、重复学生所答、总结学生的回答、批评等。总之，教师的目的就是采用不同形式的教学方法，调动学生的积极性，扩展学生的知识面，培养学生的学习能力，提高整体教学的效果。

（二）学生的个体差异

1. 语言潜能的差异

潜能是一种固定的天资。某些人较其他人有更高的语言水平。有这种能力的人，在语言学习方面可能会取得更快的进步。卡洛尔认为，语言潜能包括语音编码、解码的能力，即关于输入处理的能力；归纳性语言学习的能力，它是有关语言材料的组织和操作的能力；语言敏感性，它是从语言材料中推断语言规则的能力；联想记忆能力，它是关于新材料的吸收和同化能力。每个学生的语言潜能都存在差异。在英语教学过程中，教师应了解学生的语言潜能，从而因材施教，使之针对不同的学习任务在不同场合发挥各自的长处，以获得事半功倍的效果。

2. 认知风格的差异

认知风格又称认知方式，是指个体在认知过程中所表现出来的习惯化的行为模式，它既包括个体知觉、记忆、思维等认知过程方面的差异，又包括个体态度、动机等人格形成和认知功能及认知能力方面的差异。每个学生都有各自不同的认知风格。然而，不同的认知风格又有优劣之分，但这并不体现在学生的学习成绩上。每个学生都有自己偏爱的信息加工方式，在学习不同材料时也会各有所长。当学生的认知风格与教师的教学风格、学习环境中的某些因素相吻合时，就会获得好的学习成绩。因此，教师应充分了解并尊重学生的认知风格，针对不同的学习任务和学习环境因材施教，正确引导，使自己的教学特点与学生的需要有机地结合起来，从而获得良好的教学效果。

3. 情感因素的差异

（1）学习动机

学习动机是指激发个体进行并维持已引起的学习活动，并使其行为朝向一定的学习目标的一种内在过程或内部心理状态，是直接推动学生进行英语学习的内在动力，是影响英语学习成绩的一个关键因素，学习动机来源于学习活动，也是学习活动得以发起、维持、完成的重要条件，并由此影响学习效果。

（2）性格

性格是指一个人对现实的态度和行为方式表现得比较稳定但又可变的心理特征，是学生重要的情感因素，也是决定其英语学习成功与否的关键因素之一。人的性格大体可以分为外向型和内向型两种。埃利斯认为,外向型的学生有利于交际方面的学习,因其喜欢交际,不怕出错,能积极参与英语的学习活动,并在活动中寻求更多的学习机会;而内向型的学生在发展认知型学术语言能力上更占优势,因其善于利用沉静的性格从事阅读和写作。对教师来说,研究学生在性格上的差异的最终目的是充分了解学生的个体差异和不同的心理状态,发挥不同性格学生的优势,因材施教,以获得更理想的教学效果。

（3）态度

态度就是个体对他人或事物的稳定的心理倾向或为达到某种目的而做出的努力,它是影响学习效果的重要因素之一。学习态度一般包括情感成分、认知成分和意动成分。所谓情感成分,就是对某一个目标的好恶程度;认知成分是对某一个目标的信念;意动成分就是某一个目标的行动意向以及实际行动。通常来讲,获得好的学习效果应该对异质文化具有好感,向往其生活方式,渴望了解其历史、文化和社会习俗等。此外,学生对学习材料、教学活动的组织形式以及对教师的态度都会影响到他们语言的学习效果。分析学生的个体差异有利于教师制定合理的教学计划,选择适合的教学材料及方法。

（三）教学环境

教学环境对英语教学有以下四方面的影响:一是教学环境能够使教师在教学中更加努力地营造良好的课堂环境,充分利用现代化教学设备,优化教学环境,提高学生对英语语言的运用能力;二是教学环境可以帮助教师正确认识环境对学生英语学习的影响,结合我国英语教学的现状,理性地分析、判断和选择其他国家英语教学的理论和方法;三是教学环境可以帮助教师有效地加工语言输入材料,科学地设计语言练习,创造良好的课堂英语使用环境;四是教学环境有利于教师在不断学习和实践优化课堂教学环境的策略,以及在创设良好的英语教学环境的过程中提高其自身的教学素质。

二、高校英语教学的发展

改革开放以来,我国高校英语教学走过了几十年的发展历程,其间取得了丰硕的教学成果。随着教育教学的不断发展,外语教学理念从以教师为中心转向以学生为中心,"一刀切"的教学管理向个性化教学转变,多媒体和网络技术的发展更是为高校英语教学创造了更好的发展条件。2007年,教育部制定了《大学英语课程教学要求》(以下简称《课程要求》),作为各高等学校组织非英语专业本科生英语学习的主要依据。从《课程要求》中可以看出,我国目前的高校英语教学理念是"重功能、重交际、重技能的全面发展,以学生为中心,以任务为基础的主题教学,充分利用高科技手段,实现个性化教学等"。

(一)高校英语教学改革的方向

1.不同院校、学生的目标可以不同

不同的学校,其师资力量、教学资源等都有所不同。因此,不同高校的教学目标也可能有所不同,既允许顶尖院校有更高的教学目标,又允许后进的院校只达到基本要求。另外,即使是同一所学校的学生,英语水平也可能相差甚远。对此,学校应根据不同学生的实际水平、兴趣爱好开展分级教学。要求实力不同的院校、起点不同的学生达到相同的目标显然是不合理的,也是不太可能实现的。

2.教学目标转向"听、说为主"

重阅读是我国高校英语,甚至是各阶段英语教学的主要特点。这一点在历届高校英语教学大纲和教学目标中都有直观地体现。1962年,我国第一份高校英语教学大纲就将阅读当作唯一的教学目标。到了1999年,尽管教学目标中增加了"用英语交流信息"的字眼,但却并未明确地提出培养学生的语言交际能力,而阅读仍然是高校英语教学大纲中的第一层教学目标。2007年,《课程要求》指出:"高校英语的教学目的是培养学生英语综合应用能力,特别是听说能力,使他们在今后工作和社会交往中能用英语有效地进行口头和书面的信息交流,同时增强其自主学习能力,提高综合文化素养,以适应我国经济发展和国际交流的需要。"至此,《课程要求》才清楚地明确了高校英语教学培养学生语言交际能力的目标,即在强调听、说、读、写各种能力协调发展的同时,还要将听、说能力的培养放在教学的重要位置。这是我国高校英语教学的一个重大突破。

3.教育理念转向"以学生为中心"

过去的高校英语教学十分注重语言的结构,认为语法是英语教学中最重要的内容，学生只要学会了语法规则，就学会了语言、获得了使用语言的能力。在此基础上，高校英语教学普遍存在"以教师为中心"的教学现象。然而，随着语言教学理论的发展以及交际教学法的兴起，人们越来越意识到，学习是学生的活动，作为内因的学生本人才是影响学习效果的根本原因。因此，语言教育者提出了"以学生为中心"的教学理念，旨在提高学生学习的主动性、积极性，从而提高教与学的效果。

"以学生为中心"起源于美国教育学家杜威的"以儿童为中心"的教育理念。杜威认为，教师并非教学的中心，教学中也不应采用填鸭式、灌输式的教学方式，而应以儿童为中心开展和组织教学，充分发挥他们的主观能动性。在此基础上，人本主义代表人物罗杰斯提出了"以学生为中心"的教育理念。他认为，学生天生就有学习的潜力，若所学内容与学生自身的需求相关，学生就会积极的参与学习，如此就可以提高学习的效果。在此观点的影响下，教师逐渐意识到自己不应是居高临下的指挥者和知识的灌输者，而应是学生学习的参与者、组织者、合作者、指导者和推动者。而如何实现"以学生为中心"的教学理念，避免"一言堂"现象的产生，并保证良好的教学效果是需要继续探索的实际问题。需要指出的是，"以学生为中心"并不意味着教师就要"袖手旁观"，也不意味着教师的任务就会变轻。

事实上，按照"以学生为中心"的教学理念来开展课堂教学时，教师不仅要参与到教学活动中去，而且还要与学生合作，才能完成整个教学任务。在此期间，教师还要给学生一定的帮助和指导，最后还要对学习活动的开展情况和学习效果做出评估，以促进教学活动的顺利开展，并达到预期效果。由此可见，在"以学生为中心"的教学理念下，教师扮演着"学生顾问"的角色，既要掌握学生的实际需求，又要帮助学生做好学习准备，顺利完成课堂活动。因此，与传统的"以教师为中心"相比，教师的工作不但没有减少、减轻，反而增多、增重了。

4.教学模式转向"以内容为依托"

在全球化进程不断加快的今天，社会各行各业对既有专业知识又熟悉相关领域英语的复合型人才的需求量越来越大，这就对专门用途英语的教学提出了更多、更高的要求。复合型英语人才大致可分为"专业+英语"人才和"英语+专业"人才两类。其中，前者是以英语为工具，从事专业工作。学习期间，学生可以根据自身需要选择两个或两个以上学科的课程，如经贸＋英语、物理＋英语、机械＋英语等。而后者则主要从事某些领域的口译、笔译工作。在英语教学中，这两类人才的培养都是以英语基础和多学科知识的交融为出发点，力求培养出能对本专业知识融会贯通的综合性人才。在此标准下，各专业学生不仅要具备一般的英语听、说、读、写能力，还要能利用英语来获取专业知识和信息，甚至要能利用英语参与国际学术交流等。然而，纵观我国目前的高校英语教学可以发现，以讲解语言点为主的"记忆型教学"仍然占据主要地位，这样的教学模式对提高学生的学习动机、营造轻松愉快的课堂气氛而言都是十分不利的。显然，这样的教学模式很难取得良好的教学效果，学生也无法运用英语解决实际工作中的问题。由此可见，传统的高校英语教学模式已无法满足社会发展的需要，从某种程度上，甚至制约了学生的发展。

5. 开展多媒体网络教学

《课程要求》首次确定了计算机网络在外语教学中的重要地位。这不仅使计算机网络在高校英语教学中受到了重视，还引起了全国规模的高校英语教学改革。以计算机网络为核心的现代信息技术的引进使外语教学目标、方法、手段、观念、教材、作用、环境、评估等各个方面都发生了巨大的变化。与传统教学相比，计算机多媒体教学有着众多优势。计算机软件可以为学生提供地道的发音，生动形象地将知识内容呈现给学生，图文并茂，很容易引起学生的学习兴趣，同时也使外语教学突破时空限制，学生在任何时间、任何地点都能学习英语。这也极大地增加了学生学习英语的时间。

6. 评估方法多元化

评估是英语教学的一个重要方面。教学目标能否实现要依靠教学评估来检验。而交际型的、以学生为中心的教学模式和培养综合应用能力的目标，要求其评估体系也应该是能够考查学生语言运用能力的交际型评估。这也引发了教学评估方式的转变。测试中的客观题减少，主观题增加；终结性评估不再"独霸天下"，形成性评估受到越来越多的重视等。随着人们对教学评估改革意识的增强，出现了很多可以在计算机网络上实现的、新型的语言测试。这些测试大多具有开放性、形成性和多维性的特点。学校允许学生多次考试，让他们看到自己的进步和成功，尊重每名学生的学习速度、学习阶段和自我感受，让他们为完成学习任务而学习，而不是单纯为了应付考试。

（二）高校英语四、六级考试的改革

高校英语四、六级考试自 1987 年实施以来，至今已有 30 多年的历史，考试人数也从当年的 10 万人发展到现在的千万级别，成为世界上规模最大的考试之一。在这 30 多年里，高校英语四、六级考试对提高我国高校英语教学质量、推动我国大学生的英语水平的提高起到了重要的作用。1987 年 9 月举办的第一次高校英语四级考试和 1989 年 1 月举办的第一次高校英语六级考试使高校英语教学得到了全国各高校以及社会的重视，高校英语课程也成为高等教育的一项重要内容。四、六级证书不仅关系到学生是否能够顺利毕业，还关系到能否找到满意的工作。

为适应我国高等教育发展的新形势、满足社会的需求，2005 年 2 月，教育部宣布了高校英语四、六级考试改革的试行方案。自 2005 年 6 月起，四、六级考试成绩将采用满分为 710 分的计分体制，不设及格线；成绩公布方式由考试合格证书改为成绩报告单，即考后向每位考生发放成绩报告单，内容包括：总分、单项分等。为使学校理解考试分数的含义，并根据各校的实际情况合理使用考试测量的结果，四、六级考试委员会将向学校提供四、六级考试分数的解释。就考试内容和形式而言，将加大听力理解的题量，增加快速阅读理解测试以及一些非选择性试题的比例。

第三节　英语课程与教学论的理论基础

一、课程观

（一）过程化的课程观

综上所述，对课程概念的理解总是与一定的时代、实践背景、价值取向和哲学假设相联系。20 世纪 70 年代，美国兴起的"概念重建主义课程范式"，对课程进行了重新诠释。概念重建主义者认为，以往的课程观把课程看作是事先确定

的目标、内容和计划等，强调统一性，强调对知识的服从和机械记忆，不鼓励批判精神，导致学生目光短浅、视野狭窄等。实际上，课程不是预先设计的一成不变的文本，课程目标也不是预先设定的，而是形成性、创造性、动态变化的，课程是开放的、动态的、过程性的，是在教学过程中通过教师、学生与情境的交互作用形成的。因此，我们应该重新思考和构建课程的本质。

"概念重建主义"的核心是追求"解放理性"和权利赋予。它把课程看作是动态的、过程性的，意味着重视师生在构建课程中的意义，强调教师与学生能够自主地从事课程创造，在不断的自我反思和彼此交往的过程中达到自由与解放。

受"概念重建主义课程范式"思潮的影响，许多课程学者对课程（curriculum）的词源 currere 表现出浓厚的兴趣，因为 currere 原意指"跑的过程与经历"，它可以把课程的含义表现为学生与教师在教育过程中的鲜活的经验和体验。与名词的"课程"（curriculum）相比，currere 是"过程"。也就是说，课程概念的理解由过去重视静态的目标、内容和计划，转向开始重视动态的课程过程，由强调"跑道"的内容转到"跑的过程"。

（二）强调隐性课程的价值

显性课程是指学校有计划地组织、实施的正式课程或官方课程。这一直是人们关注的焦点。隐性课程是指教育环境对人的潜移默化的影响，即学生在学习环境中无意识获得的知识、情感、态度、价值观及社会规范等。英语教学中，学校的英语学习氛围、校园英语环境、师生关系等都对学生英语运用能力和个性发展产生潜移默化的影响，都属于隐性英语课程。我国学生的英语学习是外语学习，缺乏自然的英语环境。因此，除了学校的显性课程，积极利用隐性课程具有积极意义。

上面介绍的是一种常见的对课程内涵的理解，以及新近的课程观点。从我国实际情况看，由于种种原因，英语教师普遍持静态的课程观，把课程看作事先明确规定的外在于教学过程的东西，如课程文件、教材等，对课程过程、隐性课程的重视不够。倡导教师积极开发和利用各种课程资源，这些都有利于更新和丰富教师对课程概念的认识。

而分级目标要求与基础教育阶段的年级不完全对应，各地可以根据国家课程三级管理的有关规定，根据当地的条件和需要，适当调整相应学段英语课程的目标。也就是说，课程标准只是规定了应达到的阶段性目标，而对何时达到构成阶段目标的分目标、用什么素材达到目标未做严格的规定和统一的要求，对知识点的先后顺序，即先学什么、后学什么也未做严格的规定和统一的要求。

同时，课程标准还明确指出，教师应该根据课程标准、教学实际情况，创造性地使用英语教材。从英语课程标准的上述内容可以看出，新课程已经超越了对课程的静态描述，到认识了课程的动态生成的特点，认可了教师在具体情境中的课程调适作用。此外，提倡课程标准，积极开发和利用教材以外的课程资源，改变学生学习方式，这些对于积极利用隐性课程都有促进作用。

二、教学内涵

（一）教学是有明确目的的活动

教学活动是有目的的活动。其根本目的在于使学生获得知识、技能和身心等多方面的发展。教学活动中，教师和学生按照一定的目的和要求，以课程内容为中介，通过各种方法进行交流、交往，从而促进学生的发展。

（二）教学是教师教和学生学的统一活动

前文介绍了从不同角度对"教学"含义的不同认识。其实，不管从哪个角度认识教学，都不能否认，教学过程中"教"与"学"总是相互联系、相互制约的，教师的教和学生的学是同一过程的两个方面，两者互相依赖、不可分割。在课堂教学情境中，教师的教离不开学生的学，学生的学也离不开教师的教。教学是教师教和学生学的统一活动，他们是互为前提、相互依存、相辅相成的。国内多数有影响的对"教学"的界定都反映了这一观点。如《我国大百科全书·教育》指出："教学是教师的教与学生的学的共同活动。学生在教师有目的、有计划的指导下，积极主动地掌握系统的文化科学基础知识和基本技能，发展能力，增强体质，并形成一定的思想品德。"

这里需要注意，教学是教与学的统一，不是教与学的简单相加，而是两者的辩证统一。进一步说，指的是教和学相结合或相统一的活动。这里要注意的是"结合"或"统一"二字。就是说，只有教或只有学的片面活动，或者只是这两项活动的简单相加而没有什么"结合"或"统一"，都不是我们所说的严格意义上的教学活动。要使教学真正成为教和学相结合或相统一的活动，教师的教就要遵循学生学的规律和学生的身心发展特点。

（三）教学活动是师生以课程内容为中介的共同活动

综上所述，教学是教师的教与学生的学相统一的活动，教与学是同一过程的两个方面，而课程内容是连接两者的中介和纽带。师生双方围绕特定内容材料开展活动，因此课程内容及学生的相关体验是教学活动得以实现的必要条件。

（四）教学是一种交往活动

教学作为人类的一种重要的社会活动，其本质是人与人的交往，这种交往既体现了一般人际关系和语言交际的特点，又具有教育的独特内涵，具体到英语教学之中，就表现为师生或生生之间为着共同的目的、围绕共同的话题展开对话、交流与合作，从而使学生获得用英语表情达意之能力的发展，以及情感态度、文化意识和学习策略等方面的进步。

（五）教学的本质是意义建构

教学活动旨在促进学生的发展，实现该目的的过程其实就是学生建构新知识的意义及对原有经验进行改造和重组的过程。教学活动和课程内容只有与学生已有的知识和经验相联系，才可能实现真正的教学。

三、教学论的理论基础

（一）教学论的历史发展

在西方，教学理论的形成和成熟都要比课程理论久远。第一个较为系统思考教学理论问题的是德国教育学家拉特克，他在1612年向法兰克福诸侯呈献学校改革的奏书中，就自称是"教学论者"。拉特克认为，教学论是以教学的方法、技术问题为中心的，其重点在于探讨如何使所有人最容易、最有效地获得知识和教养。

而教学论成为教育学的一个独立研究领域，公认的标志是1632年捷克的夸美纽斯《大教学论》的出版。夸美纽斯把"教学论"称作"把一切事物教给一切人的艺术",认为这种艺术的根本就是"自然秩序",其中首先是"学生的天性",教学要适应儿童自然的倾向。

20世纪50年代,世界范围内形成了"三大新教学论流派",即苏联教育家赞科夫的"发展性教学论"、美国心理学家布鲁纳的"发现教学论"、德国教学论专家根舍因和克拉夫基的"范例教学法",都在教学实践中产生了深远的影响。它们的共同特点是通过改革课程结构和教学体制,培养儿童优异的智力,进而推动个性整体发展。另外,保加利亚教学论专家洛扎诺夫的暗示教学法主张在教学中利用学生的无意识,对英语教学的实践也产生了深远的影响。

(二)教学论的研究内容

1. 教学的概念

任何教学研究都不得不先阐明对教学概念的理解。

2. 教学过程

教学过程是达到教学目标的途径。教学实践中的很多问题如何解决和解决得好不好,都取决于对教学过程的理解。教学过程的研究涉及教学过程、儿童身心发展特点和社会诸多过程的关系,也包括对教学模式的探讨,具体如教学过程的结构、环节、阶段、程序等。

3. 教学方法

教学方法也是教学研究重要的组成部分。在英语教学的历史长河中,教师摸索出很多教学方法。对这些方法加以梳理、论证,进而提炼出来形成一定的理论,可以指导教师更好地理解英语教学,并选择、运用好的教学方法开展英语教学。

4. 教学评价

检查和评价教学效果是英语教学过程不可缺少的一个环节,同样也是英语教学理论研究中的重要组成部分。

(三)英语课程与教学论

学习、研究和探讨英语课程的理论基础,这不仅涉及集研究自然科学、社会科学和思维、人文科学之大成的宏观的哲学理论,还需关注英语语言本质的语言学理论和有关学生如何学、教师如何教的心理学、知与行统一的学习论等思维活动过程内在的规律性。因此，英语课程建设、实施和发展需要基于科学的哲学、语言学、教育学和心理学等理论。英语课程也只有在哲学、语言学、教育学和心理学等相关学科科学理论的指导下才能发展和实施得更好，更符合其内在客观规律。

英语课程的建设、生存、发展、创新和实施，一方面需要多视角地进行分析研究；另一方面也需要多元的科学理论指导，哲学当然是其中首要的指导理论基础。哲学是研究自然科学、社会科学和思维、人文科学知识的高度概括和总和，是自然科学、社会科学和思维、人文科学知识的最高规律。自然科学研究自然客观事物发展的规律，社会科学研究社会发展的规律，思维、人文科学研究以人为本、人类与现实社会文化生活关系和人类思维及其发展的规律，唯独哲学研究和揭示的是整个人类和客观物质世界关系的本质特征和普遍思维认知发展规律。

哲学一方面紧密联系自然、社会和思维、人文科学，另一方面又对其具有世界观和方法论上的指导意义。人们不仅要质疑、探索、诠释和认识客观物质世界，更重要的是还应改造和发展外在物质世界，改造和发展人类自身，从而创造人类社会的物质文明和精神文明。世界观一方面极力支撑和协助人类探索、诠释、认识、把握客观事物发展的规律，另一方面也制约着人类对客观事物发展规律的认识。方法论是人认识、把握世界和改造世界的根本方法。当前，马克思主义哲学的辩证唯物主义和科学发展观对英语课程的建设、存在、发展、创新和实施具有总体理论上的指导意义。

英语教育、课程与教学的根本主导思想要充分体现以人为本、以人的发展为本的思想。英语课程以人的发展为本的思想，根植于马克思主义哲学对人的本质、人与客观世界、社会文化的关系，人的主观意识、思维与外在世界、社会思想文化的关系以及人的生命活动与语言的关系等问题的精当且深邃的论述之中。

课程与教学的本质是教书育人，是既能促进学生成为德、智、体、美综合素质全面发展，又能使其个性获得充分自由发展。人的发展与社会发展紧密相连，一方面人的发展离不开社会发展，人脱离了社会就不成为社会人，就难以生存和发展；另一方面社会的发展也离不开人，社会是由人组成的，是人群的社会，社会脱离了人也就不复存在。这种人与社会关系相互依存和互促发展性还表现在：

一方面客观世界和社会发展制约着人的发展规律，另一方面人充分发展的目的又在于认识世界、社会及其发展的客观规律，并根据其内在逻辑、发展规律能动地、创造性地改造世界和社会，并不断推动世界和社会的物质文明和精神文明的发展。而世界和社会的发展又反作用于人自己，不断促进人的全面发展和个性自由解放。

英语课程发展和实施的目的也在于培养学生综合素质的充分发展，并使其个性获得自主、自觉和自由发展。这不仅是学生发展的需要，还是社会物质文明发展和精神文明发展的需要，更是创建和完善我国外语教育教学体系的需要。因此，英语课程务必紧密联系个人与社会的发展，并在人与社会生活情境发展的进程中求得自身的发展、创新、完善和有效的实施。

深邃和思辨的理论问题，往往可以用最简单的事实和身边的实例表证和论证。英语语言单词如 book，或词组如 an English book，或句子如 The English book is on the desk.，或语篇和文本，都是使用英语的民族对客观存在事实和事件约定俗成的符号，而语言符号又是意识、观念、思想的物质外壳。倘若在外在世界中不存在"书"或"一本英语书"等现实事物和事件，那么上述英语单词、词组、句子以至语篇和文本就难以产生、存在、发展和创新，也更难甚至无从显示。

英语教育如何能使学生理解并运用英语单词、词语、句子、语篇和文本等语言知识？在回答这个问题时，则仍需依靠学生自主自觉、积极主动、创造性地在人与外在世界社会关系和特定的现实世界社会生活情境中通过理解和运用英语交际、沟通的实践活动才能解决，语言知识和交际运用能力才能学得和习得。

而大多建构主义者（社会建构主义者除外）认为"脱离和割裂了人与外在客观世界社会生活的关系和特定的现实世界社会生活情境的联系。单凭个人的主观意识、观念、思维的自我认识和自我建构，就能自我建构和创新、达标理解和交际运用语言知识"的观点，是不现实的。这正是由外在物质世界、现实社会生活的本原性所决定的，同时受意识观念、思想直接反映的第二性和被决定性制约。因此，英语课程建设、发展、创新和实施的目的、内容、方法都应彰显语言与学生现实社会生命活动的息息相关性，从而尽量设计成在接近、贴近甚至回归学生的现实社会生活的生动情境之中讲解、操练和交际运用英语，进而促进英语课程能获得更为理想或良好的发展、创新的实践效果。

英语教育、课程与教学要体现发展英语素养和人文精神，特别是发展人文精神就应培养学生自我实现的理念，尊重学生的尊严、价值取向、需要、愿望、信念、情感意志、感受、体验、追求理想的人格、人的自身完美、个性解放和坚持真理，反对迷信盲从，开发学生的个性、潜能、创造意识和能力，使学生成为德、智、体、美全面发展的完整的人。人文精神把人自己视作最高价值和最终目的，赋予人崇高的理想和规范的社会行为准则。进而又转化成为人类认识社会和改造社会及完善人自身的强大内驱力和思想武器，给人类和社会的发展指出正确的路径和造福人类的方向。忽视人文精神的英语教育必须改革，片面追求人文精神的发展也必须提防。英语教育不仅要扎实掌握英语语言知识、技能和交际运用语言的能力的英语素养，同时还要重视学生人文精神的培养。

（四）英语课程教学理念

1. 以学定教

长期以来，传统的英语教育教学的理念是以教定学，把学生看作教育的对象，是接受知识的容器，是学校生产的产品，忽略了发展学生的自由个性。积极有效的学习理论和学习理念，则倡导以学定教、以教导学，把学生看作学习的主人，学生是在教师的指导下积极主动地学习知识、技能、能力，并能调控学习过程，从而使个性、潜能、创新能力获得主动、自我的发展。以学定教、以教导学真正体现了学生的主体性和教师的指导性相统一的原理。这种理念也是英语教育改革的重中之重。

传统的英语教育以教定学，重视教师的教或以教师为中心，严重忽视了学生的学和学生的主体性。教育教学过程成了主要由教师传授、讲解书本知识的"满堂灌"过程，而学生只是被动地接受知识。以学定教不仅立足于学生已有的知识、经验、需求之上，遵循学生学习知识、发展能力的规律，确定教学目标、内容、策略方法和评价措施，还立足于激励学生积极主动地学习、能动地思考和运用知识的过程，既立足于学生群体，又立足于学生个体。

任何优秀的教师和教材都不能替代学生的自主学习。从学生群体发展角度着眼，学生潜能和创造能力是无限的。学生的无限潜能和创造能力是不断推动社会前进的动力。从学生个体角度着眼，学生作为个体的经验、体验、个性、潜能、创造力是不同的，存在着一定的差异。因此，英语教育必须面对全体学生，同时也应根据不同特点的学生以学定教，发展人的个性、优势、潜能和创造力，注重学思结合，倡导启发式、探究式、讨论式、参与式教学，注重知行统一，注重因材施教，使每一个学生都能获得进步。

2. 以教导学

英语教育教学不仅是以学定教，还需有以教导学的理念，以学定教与以教导学是一对对立的统一体。以教导学理念认为，学生不只是知识的被动接受者和使用者，还是在教师的指导下能更积极地获取有效的知识、技能和能力的学习者。英语学习过程就是学生在教师的指导下在自己已有的知识、经验基础上逐步掌握英语知识的过程。这里的知识是指广义的知识，它包含陈述性知识、程序性知识以及策略性知识。

陈述性知识一般指英语语音、词汇和语法知识；程序性知识一般指为交际运用英语知识的技能和能力；策略性知识是指内在调控的认知策略和方法。学习英语不是简单地接受知识的过程，学生本身也不是被动地听讲、死记硬背、机械和盲目记录信息的容器。学习英语而是学生经教师指导，通过自己的兴趣、需要、体验、经验、价值取向、信念和实际的认知和相关知识水平去积极主动地学习和逐步运用知识的过程。这是一个以教学、师生互动的知识成长和生成的过程。同时，这也是学生一切经验和知识的源泉。

3. 多学精教

英语教育教学不仅是以学定教，以教导学，还需多学精教。英语教育教学一方面是师生双主体与被学习的英语客体之间互动的过程，另一方面也是主客体与客观情境三者互动活动的过程，甚至还是主客体情意、情境的多向互动的过程。多学精教理念是指在师、生、情境、英语、情意互动的过程中学生要积极主动地多学、多用，而教师则充分利用具体、客观的情境在学生已有知识、经验的基础上精教知识的重点和难点，以便腾出更多的时间让学生多学、多用。这里的客观情境既指狭义的英语语境，又包含广义的客观情境或客观现实与客观世界。

英语教育教学只有在具体的情境中，并在学生已有的知识、经验基础上进行教学才能达到精教知识的重点和难点的目标，并更易被学生所理解和掌握。因为情境是语言的直接现实，缺少或缺失客观世界情境，语言就难以产生和存在，也难以理解和掌握。在学生已有知识和经验基础上精教新知识，既能节约教的时间，又便于学生理解和吸收，而且新旧知识融合所形成的新知识结构网络，也有利于记忆和快捷提取运用。在具体的情境中，在学生已学知识、记忆的基础上精教，自然就能给学生留出更多的时间学。

更重要的是，在创设的或真实的情境中运用英语吸收和传递信息、即席交际运用英语的能力是英语教育主要的本质目标之一。传统的英语教育过分强调教师"满堂灌"教英语，而忽视学生积极主动地学英语。它既割裂了学生主体与学习英语客体的联系性，又割裂了学生学习英语与情意、情境的联系性。

4. 不教自学

英语教育教学不仅是以学定教，还是以教导学、多学精教，其最终的目标恰是不教自学。教是为了不教，不教是为了能自学。终身享受自学的乐趣是学生学习的最终目标，也是学生学习最理想的追求。英语知识的学习和运用离不开学生独立能动地、积极主动地参与各种填补信息、即席沟通和交流信息的活动，英语学习的最终目的也是学生能独立、自主运用英语进行交际的能力。而运用语言进行交际活动最本质的特征是具有双向或多向的交流性和沟通性，而且双方或多方都是不依赖于他人独立、自主的个体。一方有信息输出意愿，另一方或多方有吸取信息的需要，双方或多方的信息沟通和交流活动才能实现，缺少或缺失任何一方的独立、积极主动参与，沟通和交流信息活动就难以实现，这就是不教自学的自然境界。

5. 以学定教，以教导学

当前，我国外语教育体系强调以人为本，以学生发展为本。除学生以外，教师是一个核心问题，教育大计，教师为本。教育教学改革，关键在教师，有了好的教师，才可能有好的教育。因此，以学定教和以教导学两者之间存在内在逻辑联系。教师不只是知识的载体、来源，也不只是知识的传授者、讲解者。教学不能以教定学，以教师为中心；教学也不能排斥以教导学，仅以学生为中心。教师要相信学生自己能学习和使用知识，所以需要以学定教，但这并不意味着教师的作用是无关紧要的，也不能否定教师的教学主体性，而是强调教师是学生学习和运用知识的指导者和引路人，所以需要以教导学。师生关系不是教与被教、管与被管的关系。师生之间充满着人文精神：教师爱护学生、尊重学生的人格，学生尊敬教师、拥护教师。师与生的关系、教与学的关系是一种民主、平等、相互协调、和谐发展的互动关系。

更主要的是英语教育教学不能止步于以学定教、以教导学，还需通过多学精教才能最终达到不教自学的最高境界。因此，以学定教、以教导学、多学精教、不教自学是一个蕴含内在逻辑联系的统一体，四个方面互动才能达到英语教育教学理想的目标。教书育人是教师职业生涯的全部，培养全体学生的全面素质和个性发展是教师思想情感、专业知识水平、教育教学能力与教育教学科研和价值取向的直接体现。教师花费毕生精力设计和操作的教育教学过程，不论是一件细小的事，还是一堂不起眼的课堂教学，都是为了有效激励学生的思想情感，激活学生所学知识，启发学生独立思考、自主和合作学习，培养学生的自学能力，发展学生的个性、优势潜力、学习能力、实践能力和创新能力。这些也都是教师自身生命实践活动的价值的体现，它更直接体现在不教自学的最高境界之中。

对于学生的学习活动来说，学生是内因，教师是外因。学习成功与否，内因起决定性作用，这是以学定教的哲学基础。但是，外因能起强大的反作用，因而激励、推动内因的发展，这是以教导学的哲学基础。

第二章 高校英语教学的理论阐微

第一节 英语教学与图式理论

一、图式理论的概述

（一）图式的概念及发展

图式一词原为古希腊文，意为"形象、外观"，最早出现在1781年康德的著作中。康德清楚论述了在感性直观和知识性概念之间建立联系的是人类的知性过程，在这个过程中，起主要作用的就是图式，图式是连接直观和概念时所需要的中介。

图式概念进入心理学领域后得到了高度重视，英国实验心理学家巴特利特用重复回忆的手段研究记忆的过程，提出记忆是积极地把新信息同图式表征的旧知识加以联系、加工，是反复推敲的构造。图式即过去经验和知识的主动性组织结构，新知识的构成即图式的激活和空档的填充，任何信息加工的过程都离不开图式。

瑞士著名的心理学家皮亚杰从认知发展的角度将图式看作认知的起点和核心，是认识事物的基础。当图式发生改变时，认知会通过同化、顺应和平衡这三种方式跟着变化。在遇到新图式时，利用已有图式去理解接受，即同化。同化成功就达到认知平衡状态，如果不能理解新的信息，就会将已有图式加以修正调整去顺应新图式，达到认知平衡的状态。

20世纪70年代后期，随着计算机科学、信息论等现代化理论的渗透，现代图式理论逐渐完善成熟。美国人工智能专家罗姆尔哈特、安德森、加内尔等为完善这一理论做出了重要贡献。在现代图式理论中，图式被解释为一种受先前经验的影响的记忆结构，图式在人脑中构成的一切知识都可以被划分为细小的单元组块和系统，除了包含知识本身以外，还包含这些知识如何被运用的信息。对新信息的理解即是将其对号放入到已有经验构成的图式中，正确地激活已有图式。

研究还发现，图式形成后，会随着时间、既有经验、实践、情境等很多因素发生变化，需要不断巩固正确图式和修改错误图式，形成较为稳定的长时图式立体结构，在运用时才能快速、准确达到理解的目的。具有较多学科图式的学习者能运用较完备的已有图式理解和整合新知识，更好地实现新旧图式同化，达到认知结构发展的目的。

（二）图式的主要分类

从对某些特殊个体或团体产生认知结构的个人图式或团体图式，到评价自己的自我图式；从在特定情境中对某些社会活动产生预期看法的事件图式到对特定身份者所持有的角色图式认知，图式的分类多种多样且具有较强的稳定性，几乎决定和影响着人们一切的社会活动。图式一般分为语言图式、内容图式和形式图式三种形式，这三者在阅读过程中互相作用，共同决定了读者对文本的理解程度。

语言图式指语言知识及运用语言的能力，在阅读过程中发挥最基本的作用，是读者有效运用语言进行阅读的前提。只有掌握了一定的语言图式，具备良好的语言基本功，才有可能实现对文本信息解码或编码的可能性，才能实现文本线索的检索和已有图式的激活。内容图式指对文本材料主题的熟悉程度，内容图式包含丰富的文化色彩，词汇作为语言的基本构成，在特定文化背景或情境中会形成不同的含义。

在学生无法根据字面意思来掌握语言词汇时，就需要通过语言文化背景来掌握文章的主旨。假如缺少了背景知识，即便对语言图式有着充分了解，也不能有效关联文章，无法抽取和其相对应的内容图式，阅读理解就会存在片面性。

形式图式是读者对文本结构、体裁和形式的熟悉情况，形式图式的建立有助于读者从结构和逻辑性上分析文章的布局和脉络，揣摩作者的意图和思路，补充其他图式不足时缺少的图式信息，做出正确的理解和预测。在日常生活中接触到的书面资料格式较为丰富，主要包括各种应用文，比如信函、请柬、备忘录、行程计划等。阅读过程中读者需要掌握各种文体的特征与规律，通过阅读资料获取对应的信息，开启头脑中对应的图式，进而达到迅速理解的目的。

二、图式阅读对英语教学的意义

（一）对提升高校学生英语阅读理解水平提供指导

如果对阅读本质和过程缺少科学系统的认识，就很难对阅读学习进行有效自我监控和评估，也就很难发现阅读理解过程中出现的问题并提出解决方法。图式英语阅读策略教学和词汇策略教学干预能够帮助学生从宏观上重新审视阅读理解过程，解决阅读障碍，增强图式策略意识，对不同水平的高校学生均具有启发和指导的作用。

（二）对英语阅读教学有一定参考价值

英语图式阅读教学策略有完整的科学体系和理论支撑，在实践中有明确的思路和流程，改变了枯燥、单一的传统阅读教学模式。以学生为本体，设计有效教学活动，将图式理论具化在阅读教学实践中，并根据实际效果不断反馈总结修正，增强了阅读教学的有效性，为以后的教育教学工作提供更多的实证支持和理论的补充。

（三）对高校生课外英语阅读学习有一定的指导意义

阅读学习绝不仅仅是课堂教学，保持阅读兴趣、加强科学课后阅读、培养良好的阅读习惯同样不可或缺。还可以帮助学习者建立科学阅读学习观，从图式理论的视角加强全局观和系统意识，为学生多渠道、多角度构建立体化图式知识体系提供指导和方向，有助于英语阅读的长效自主学习。

三、图式理论在英语教学中的应用

从 20 世纪 60 年代以来，各国学者将图式理论应用到英语阅读教学中，分别从各个视角分析并探索了图式理论在英语阅读教学中的作用，对改善学生阅读效果、提高学生阅读能力起到了积极促进的作用。

阅读者的基本语法词汇知识能有效筛选阅读中的材料信息，帮助开启相关内容图式与形式图式。对于第二语言学习者来说，基础语言图式的匮乏必然会影响到阅读和理解的准确度。各种词汇句法构成了阅读文本，唯有展开"意义支持"，才可以实现"意义构建",才能理解作者要传达的信息。因此,在语言图式教学方面,大学生更多采用具有意义倾向的词汇学习策略,且词汇的学习和理解与个体英语熟练程度有显著联系。语篇理解是词义理解的一个重要影响因素,只有当部分词汇被记忆吸收后,猜词的准确率和对词义的记忆才会提高。从语言图式的角度去理解和学习词汇、语法、句法,将词汇学习和阅读学习结合起来,比直接学习和记忆单词、语法更加有效。

内容图式教学研究成果比较丰富。阅读材料语言隐晦难懂,学生不能灵活应用"自下而上"的信息处理手段时,只能通过"自上而下"的模式来解决。如果学生已经具备良好的形式、内容图式,即使出现有难度的字、词、句及语法问题,内容图式也可以弥补语言图式上的不足,因此就产生了"内容图式对语言能力较低读者的影响更深刻"的观点。文化背景知识作为理解所必须掌握的课外知识,有时远远超过语言基础知识。因此,唯有将应用语言知识系统与非语言知识系统的过程有效整合,才可以充分理解文本信息,掌握文本内容。

学者卡雷尔尝试了不同故事体裁的图式对阅读的效果并发现,熟悉故事性图式结构能够帮助学生进行有效理解并转化为长时记忆。20世纪80年代末,学者王初明在国内首先用实证研究的方法,揭示了背景知识与文章的语言难度与英语阅读理解的关系,表明图式理论能够提高学生的英语阅读理解水平。学者崔雅萍通过对图式类别、功能及图式理论和英语阅读关系的阐述,结合阅读过程中相关图式的激活过程揭示了图式理论在提高学生阅读理解能力的过程中所起的积极促动作用。

阅读的目的是为了理解,当阅读者理解失败时,学者鲁墨哈特提出了三种可能性:第一,读者缺乏适当的图式,无法理解文本的意思。第二,读者脑中存有适当的图式,只是未能找到可激活的条件,无法和新图式发生作用。第三,读者坚持一种图式,没有灵活修改适应新图式,所以不能理解作者意图。由此可见,三种图式在阅读中相互补偿、相互作用,缺少任何一种图式都可能成为阅读理解的障碍。

图式理论强调阅读理解过程中三种图式的相互作用,其中对语言图式和内容图式的研究相对较多。学者哈德森(Hudson)在研究中发现,语言水平是影响理解的重要因素，如果文本或教学材料难度太高，即便是查字典也无法帮助学者正常阅读和正确理解。在激活和导入既有图式方面，学者李平、齐萌通过实验证明了补缺和激活阅读前导都能提高阅读效果且后者的辅助作用更为显著。由阅读前导引出的背景知识与语言能力共同对阅读理解产生影响，且背景知识的作用更大。学者叶为尔介绍了图式理论中的语言图式和内容图式，通过对语言知识和背景知识的讨论，揭示二者对阅读理解的重要性。

近年来，图式理论的研究更加深入细致，涉及材料选择、阅读前导、阅读思维模式等外语阅读教学各个方面，在广度上也涉及中等教育和高等教育各个层次。学者王梅在研究中阐述了在阅读教学中丰富学生形式图式、内容图式和语言图式的重要性，并将图式理论应用于阅读教学的三个阶段。学者李波从形式内容和语言图式三个方面，对比讨论了学生的阅读理解能力并提出相应的阅读教学模式。学生不仅要理解阅读材料，还要积极思考，这样更有利于图式的完善和系统性。学者陆亚丽倡导英语阅读中要培养学生的"立体思维"模式，培养阅读思维主动性、完整性、发散性、逻辑性。

语言图式是阅读理解的基础，是理解的传承载体，无论对于哪个水平的学生来说，教师都应从实际出发，传授适合的、有针对性的策略和方法帮助学生充实语言图式，消除理解障碍。其中，中高水平学习者因为既有语言图式比较丰富，再加上图式词汇策略，对其巩固拓展新图式有很好的效果。但对于低水平学生来说，已有图式的不全需要花费更多的时间去建构基础，因此图式词汇策略的效果在阅读理解中并没有体现出来。

在实际教学中，教师应考虑到不同水平的学生词汇的要求不同，从图式角度出发，多设计相应教学任务，比如学唱英文歌、关键词编故事、词汇接龙等，既能激发学生的学习兴趣，又能通过互动快速丰富语言图式。

对阅读教学中的另一重要角色——教师，有学者指出，教师对阅读策略的理念更新更有助于策略训练的实施，培训质量直接影响培训效果。当文本信息和已有图式不能匹配时，需要一位"组织者"来补充缺失图式，缩小、消除差距，帮助学生进行有效阅读。学者陆亚丽以相关实验数据来分析母语思维对英语学习的影响，指出教师应发挥作用，帮助学生利用已有知识背景并学会处理母语和英语思维在阅读中的关系等。因此，要将理论研究与教学实际相结合，需要策略训练者提高理论学习素养，并在实际训练过程中根据学生行为和课堂反馈不断改进，发现问题并采取有效措施。

在实际教学过程中，学生个体的水平必然存在种种差异，国内外对不同水平学生阅读差异及干预教学的研究不多。学者哈德森发现，图式理论对高、中、低不同水平学生阅读水平的提高有促进作用，且图式对阅读理解的效果更大地体现在低水平的学生身上。学者谭茗分在对学生进行图式阅读教学后发现，低水平学习者的阅读成绩提高幅度大于中高水平学习者。学者王哲经过对148名高校生的议论文图式训练，发现实验班学生的议论文阅读理解水平得到了提高，且在分布式训练中，低分组的成绩提高幅度明显大于高分组。

阅读理解是一个复杂的心理过程，单凭一个理论很难解释彻底，随着图式理论与外语阅读研究的深入发展，很多学者也发现图式理论存在的不足，并提出了一些应对办法和借鉴不同理论形成的新主张。学者刘丹丹提出单凭读者的背景知识去理解作者的意图很容易产生误解，她认为既要有高层次的阅读技巧，又要重视低层次如单词、句子等解码能力。学者付丽芳用问卷调查的方式，发现图式理论在阅读理解的运用中存在语言知识、母语思维和文化差异、阅读策略、情感因素、学习者个人因素以及文本难易程度等六个因素的影响。学者钟鸣提出语篇分析模式的应用能弥补图式理论中过分强调背景知识的不足。

四、对高校学生英语学习应用图式理论的建议

（一）夯实语言基础，灵活运用阅读策略

对于低水平学生来说，应该从高频词等基础词汇着手，应加大对应级别的文章阅读量，避免错误语言图式造成的影响。低水平学生更倾向于将词汇、语法等语言图式独立出来学习，客观上讲有一定效果，但更应该把语言图式放到篇章中去领悟、理解，才能更好地激活巩固图式。

对于中等水平和高水平学生来说，在了解策略目的、使用方法和注意点的基础上，开展阅读训练并及时调整学习策略，力求灵活高效。同时，将词汇的学习

与篇章阅读相结合，充分利用思维导图、构词法、篇章理解、拼读等方式丰富语言图式。

（二）兼顾元认知意识的培养和训练

很多高校生的元认知意识不强，导致在阅读学习中对教师依赖度高，很少监控、反思和评价自己的阅读学习情况，在策略使用上也仅停留在理解和解决眼前问题的层面上。而低水平学习者在阅读学习的过程中更容易出现消极和放弃的情绪，应根据阅读目的和任务灵活调整自我状态和情感，及时寻求老师或同学的帮助。中高水平学习者在阅读学习过程中应学会总结，每篇文章读完之后，静心反思理解过程，发现不足并寻求解决方法，逐步实现有效的自主学习。

（三）转变局限的英语阅读课内学习观

个案访谈中，不同水平学生都把英语阅读学习局限于课堂之内，课外阅读情况均不理想。不止阅读量不够，阅读的材料大多为应试文章，种类也非常狭窄局限，英语阅读学习模式大多是课堂学习＋试卷练习，从侧面说明在大多数学生眼中，英语阅读等同于阅读理解考试，没有享受到阅读的乐趣，更缺乏对英语阅读学习的整体科学的概念。应从图式角度将阅读学习细化，从语言、内容和形式三个角度选择不同难度的阅读材料，将阅读看作建构知识体系的途径。立体完备的图式知识体系有助于阅读水平的提高。

五、对高校教师英语教学应用图式理论的建议

（一）加强图式意识和理论学习

从调查问卷中发现，阅读教学中教师或多或少都会进行策略教学，其中的策略不少与图式理论不谋而合，但总体来说比较零碎，缺乏整体性和系统性，且对阅读策略的训练多以应试为主，缺乏课外阅读的指导。因此，教师要加强理论学习，从宏观上将阅读本质、过程和策略传授给学生。在制定大纲计划和教案时，应运用图式理论和元认知策略理论，经常反思和调整教学活动，将理论融入工作中，才能更好地引导学生使用理论和策略实现成功的阅读学习。

（二）注重学生需求、兴趣和差异

图式理论作为有效工具应用于阅读教学，如果不立足于学生需求，不注重课堂活动的设计和激发学生兴趣，很可能事倍功半，达不到预期的效果。尤其对中低水平的学生来说，激发学习兴趣是良好学习的开端。只有产生了兴趣，才能够沉浸阅读活动中来，才会出现后续图式的激活和创建。

教师首先要了解班级学情，针对专业、个体兴趣、学习能力、学习习惯、策略水平、已有图式等诸多差异给出相应学习建议。寻找学生阅读理解困难的原因，并通过策略理论的输入和应用示范逐步减少其依赖性，培养其自我学习计划能力。对于中高水平学生，教师可以给出额外的任务，尽可能多地从丰富阅读材料中拓展图式；对中低水平的学生可以降低要求，减轻学习压力，从巩固基础语言图式和阅读策略着手。

学生感兴趣的阅读材料不同，对同一文本的看法也会有差异设计不同教学活动，兼顾不同层次需求。要花心思设计课堂活动，例如多组织类似小组讨论或辩论的活动，既能加强学生间的沟通交流，又能在短时间内实现图式的互助学习和激活。同时，教师在评价反馈时应注意语言，保护学生的学习兴趣和主动性。

（三）利用成熟阅读评价系统，加强课外泛读指导

阅读教学固然重要，但毕竟课堂时间有限，将课堂里的阅读兴趣扩展为自觉主动并有持续性的阅读兴趣绝非易事。阅读能力的提高离不开精读和泛读，泛读更多的是在课堂之外完成，要求学生具备较强的自主学习意识和能力，教师的科学指导和监督会起到事半功倍的效果。针对学生语言图式薄弱的问题，教师可以布置课外任务，要求对某一主题的相关语言图式用思维导图的方式进行整理；或者在主题阅读时，教师不直接提供背景图式，指导学生利用网络、图书馆等搜索信息建立相关图式，用头脑风暴或小组演示等方式进行课堂呈现。

在课外泛读中，教师应提供科学选书和阅读能力测评的原则和手段，帮助学生将有效阅读坚持下去，不要因为阅读材料过难、过易而影响阅读兴趣。

阅读是语言学习的重要一环，应和听力、口语、写作相结合，进行多层次训练和巩固。同时，阅读水平的提高不会一蹴而就，应注重培养良好的阅读习惯，将阅读策略应用到日常学习中去。

第二节　英语教学与支架理论

一、支架理论简介

支架本来是指建筑房屋过程中搭建的脚手架。作为一种隐喻，支架理论是由美国著名心理学家与教育学家布鲁纳等人在吸收并发展苏联心理学家维果茨基"最近发展区"理论的基础上提出的。"最近发展区"是由独立解决问题所决定的实际发展水平与在成人指导下或者在与能力较强的同伴合作过程中，通过解决问题所决定的潜在发展水平之间的距离。成人的指导或同伴的帮助发生在学习者的实际发展水平与潜在的发展水平之间，即学习者自己无法独立完成某项任务时的水平与经过他人的帮助可以完成任务时的水平之间的距离。因此，成人不仅需要了解学习者现有的发展水平，还要了解学习者潜在的发展水平，并明确两者之间的距离，从而向学习者提供帮助。

支架最重要的作用是帮助学习者向"最近发展区"迈进，支架是创设情境的过程，使学生更容易实现预期结果，随着学生技能的娴熟，逐渐撤回并将职责交给学生。这种观点表明了支架式教学的要素包括三个方面：一是创设情境，即将学习者引入问题情境；二是探索，即学习者在教师或同伴的帮助下获得预期结果，随着其学习水平的逐步提升，他人的指导成分便一步一步减少；三是再探索，即教师最后完全撤回支架，让学习者独立地探索。支架式教学的特点是根据学生的需要为他们提供帮助，并在他们能力增长时撤去帮助。支架式教学主要表现为当学生面临新的或较难的学习任务但是自己无法独立解决时，教师要为他们提供帮助，随着学生能力的逐步提升，教师的帮助逐渐减少，以便把学习的责任从教师转到学生身上。这种教学模式与我国高校培养学生自主学习的教育目标是一致的。

二、支架理论在高校英语课程教学中的应用

知识的建构是在一定的情境下，借助他人（教师或同伴）的帮助即通过人际

的协作交流活动而实现的意义建构过程。支架式教学主要包括创设情境、探索、再探索、协作和效果评价五个环节。现以教师指导学生探索学习"莎士比亚"为例，探讨支架式教学模式的五个环节在高校英语文学课程教学中的具体应用过程。

（一）创设情境

教师通过创设问题任务把学生引入一定的问题情境。问题任务主要是指新的学习内容或有难度的任务。在创设问题任务时，教师应明确学生当前的知识水平，根据学生将要学习的概念框架提出难度适中的任务，注意难度不能过高，否则学生容易产生挫败感，不利于学生的进一步学习。"控制问题解决过程中的挫折感"是支架式教学的特征之一，因此教师要根据学生实际认知水平布置预习任务。

学生对莎士比亚了解不多，之前只对"英国文艺复兴时期的特征"有大概的了解，因此布置的问题难度要适中，教师应先要求学生通过课本了解莎士比亚的生平和创作特征。虽然"莎士比亚"这个学习主题对于学生来说有一定的难度，但学生只要在掌握背景知识的基础上借助课本就可以掌握。也就是说，教师捕捉到了学生的"最近发展区"。

通过创设问题任务，学生对"文艺复兴"这个已有的认知进行更深层地思考，即探索英国文艺复兴时期伟大的作家莎士比亚。在课堂上，教师应在把握学生现有的认知水平及我国文学教学现状的基础上创设问题任务，并将学生引入"莎士比亚的创作主题"的问题情境。教师在创设问题任务时，应激发学生的学习兴趣，让学生积极主动地参与到教学活动中。"激发对学习任务的兴趣"是支架式教学的另一特征。同时，教师也掌握了学生的现有水平，即学生在上节课学习了"英国文艺复兴时期的特征"，在此基础上，教师可以从学生感兴趣的话题开始导入问题。例如，英国文艺复兴时期的特征是什么，代表人物有哪些，师生共同讨论之后，得出结论：和欧洲文艺复兴时期一样，英国文艺复兴时期的主要特征是人文主义，莎士比亚是英国文艺复兴时期最重要的作家，由此让学生明确"人文主义"是莎士比亚重要的创作主题，把学生引入"莎士比亚的创作主题"的问题情境。通过设置问题，教师让学生在对"英国文艺复兴时期的人文主义"的认知基础上对"莎士比亚的人文主义"进行深入的思考。

（二）探索

将学生引入"莎士比亚的创作主题"后，教师要引导学生进行探索。在探索环节，教师向学生提供有价值的资源、提供清晰的方向和学习目标。探索环节是师生共同解决问题的过程，教师需要与学生进行互动性交流。支架必须是互动的、协作的。学生与教师进行了两次互动性会话，表明学生在教师的"支架"作用下，其发展水平逐渐得到提升，最终可以进行独立探索。学生与教师的第一次交流表明，通过与教师的会话性互动，师生共同解决问题，学生的能力得到了提升，穿越了第一个"最近发展区"，这时教师的指导成分较大；通过师生的第二次交流，学生的能力会再次得到提升，迈向下一个"最近发展区"，并能独立解决问题，这时教师的指导成分逐渐减小。

学生在阅读课本的基础上与教师进行第一次互动："我对莎士比亚的生平及其创作主题有了比较清晰的认识，但我不知道他的作品如何体现其人文主义的创作主题。"在教师的指导下，学生达到了"最近发展区"，掌握了莎士比亚的创作主题，同时也引出了下一个问题，此时学生就需要教师的帮助："你可以突破课本，阅读莎士比亚的《哈姆雷特》，并探讨人文主义的具体体现。"学生在阅读《哈姆雷特》之后，与教师再次进行了交流："《哈姆雷特》不仅体现了人文主义，还是人性的体现。"在教师的支架作用下，学生再次达到了"最近发展区"，即知晓《哈姆雷特》体现了莎士比亚的人文主义的创作主题。

教师首先要对学生进行鼓励，让其看到成功的希望，同时要让其明确努力的目标："你是否阅读莎士比亚的其他剧作来证实这一主题呢？"学生可以沿着这样的思路再进行探索。通过教师的支架作用和一次次的探索，学生的能力就会得到逐步提升，最终教师完全撤回支架，由学生进行独立探索。通过着眼于学生的"最近发展区"，教师为学生提供带有难度的内容，有利于调动学生的积极性，发挥其自身的潜能，超越其"最近发展区"而达到下一发展阶段的水平，然后在此基础上进行下一个"最近发展区"。学生通过积极主动的探索以及与教师的互动，能够独立建构意义。教师与学生的对话性交流，可以为学习者提供足够的指导和支持。通过师生交流，学生可以形成总体的学习思路，而教师为学习者提供了一种概念框架，即事先把复杂的学习任务加以分解，以便把学习者的理解逐步引向深入。

（三）再探索

随着学生学习能力的提高，教师的指导逐步减少，最终完全撤回支架，由学生自己选择方法，进行独立探索，决定探索的方向和问题。在这个环节中，教师让学生完全积极主动地展开学习，并通过学习建构出自己所理解与探索到的、真正属于自己的知识，从而跨越"最近发展区"。

在阅读莎士比亚其他剧作的基础上，学生明确了自己的见解，莎士比亚的剧作不仅是人文主义的体现，更是人性的体现。学生可以通过阅读莎士比亚的其他剧作来证实莎士比亚人文主义的创作主题，也可以通过阅读英国文艺复兴时期其他作家的作品来证实人文主义是英国文艺复兴的创作主题，这些都需要学生通过独立探索来进行。通过阅读莎士比亚的原著，学生对英语文学原著产生了极大的兴趣，从而使阅读、欣赏及理解英语文学作品的能力得到提高；再探索莎士比亚的创作以及文艺复兴时期其他作家的人文主义创作主题，就可以培养学生对文学作品的理解能力，使其人文素质得以提高。但是，教师要提示学生，其观点需要在协商、讨论的基础上才能完成建构。

（四）协作

再探索结束后，教师需要及时组织学生进行分组协商、讨论，便于学生深化并拓宽当前所学知识，完成意义建构。在英语文学课上，教师组织学生讨论"莎士比亚的剧作是人文主义的体现"。教师根据学生的不同知识基础和性格特征把学生进行分组，并展开讨论，每组推选一名学生发言。在多人合作解决问题时，参与者积极参与，共同思考，这种不同主体间互动的必然结果是参与者对会话和所要解决问题的不同理解。

在小组讨论时，学生在小组内各抒己见，表达自己的看法，从而互相学习；小组代表发言时，他们听取其他小组的观点，共同协商，相互促进，使全班学生之间互为支架。学生在教师与同伴的帮助下完成了意义建构，他们对英语文学的审美和鉴赏能力也就得到提高。

（五）效果评价

支架理论认为，评价要与学生在一个新的具有挑战性的语境中运用和组合多种能力相契合。支架式教学要求确立多种评价模式。英语文学课程的学习评价包括平时成绩（学生的探索学习过程）和期末考试成绩（学生的卷面成绩）两部分，平时成绩和期末考试成绩按照比例构成总成绩。在培养学生能力、提高学生素质的同时，仍要让学生奠定扎实的基础。

  支架式教学的效果评价主要发生在学生的探索学习过程中，包括共同评价、协作评价和自我反思。在英语文学课程教学中，全体学生共同评价学习者探索学习的过程仍以探索和学习"莎士比亚"为例。教师以学生的探索学习过程为例，说明了其能力逐步提升的过程，学生的表现获得了自我效能感。同时，学生也向其他同学表达了其未来计划——继续探索莎士比亚的其他剧作中所体现的"人文主义"，其他学生可以督促他进一步探索学习。在课堂上，全体学生思考教学内容，看是否达到了既定的学习效果，是否完成了对所学知识的意义建构。全体学生对"莎士比亚"所学内容进行反思，通过探索学习，学生不仅可以掌握课本知识，还能学到许多课本以外的知识，更重要的是，他们的自主学习能力与研究能力等都会得到提升。另外，学生通过反思其探索过程，认为自己要多与其他同学合作，多与教师进行交流，学习效果会有明显提升。

  英语文学属于开放性学科，文学作品不存在唯一绝对的阐释。支架式教学可以让学生最大限度地参与学习的全过程，不仅可以激发学生的学习兴趣，培养学生阅读、欣赏及理解英语文学原著的能力，提高学生语言基本功和人文素质，还可以着重培养学生的学习能力和研究能力，有利于其综合素质的提高。同时，支架式教学也对教师提出了更高的要求，教师需要熟悉学生的"最近发展区"，在搭建支架时要适度，既不能包办太多，又不可放手太晚。总之，教师应合理地搭建支架，使学生沿着支架逐步攀升，成功跨越"最近发展区"，从而使学生的学习能力得到最大限度地提高。

三、支架理论在教师课堂反馈中的应用

  随着英语教学的发展，目前我国有很大一部分高校英语教师已经开始将注意转变到以教师为中心的传统教学方式，并且有意识通过教师提问等方式去提高课堂互动性，但是教师对课堂反馈重要性的认识仍需提高。

  第一，支架性反馈有利于调动学生学习积极性。将支架理论运用于教师课堂

反馈中，使教师可以从学生可接受的合理的范围内促进学生独立思考，并协助学生提高独立解决问题的能力。相对于类似"好、还有待提高、不错、继续努力"等仅带有评判性的表面反馈，带有引导性的或启发性的反馈，更能有效引导学生发现问题、解决问题，使学生能够自主地去探索知识，意识到自己才是学习的主体，从而调动学生的学习积极性和主动性，提高独立解决问题的能力，从而有效解决学生在英语课上没有积极性、缺乏主动性等问题。

第二，支架性反馈有利于增强教学针对性。在支架理论指导下的教师课堂的反馈话语更合理、有效，更容易被学生接受。支架理论要求教师的课堂反馈需要针对不同的学生，根据每个学生的认知发展水平给予有层次且在该学生可接受范围内的反馈，由此引导学生发现自己对学习的兴趣并体会取得进步的成就感。针对基础较好的学生，教师可以在反馈的时候对其进行适当的拔高，使学生在原有认知基础之上有所提高，使学生的学习热情和积极性高涨；针对基础较弱的学生，教师的反馈可以提高基础知识为出发点，及时纠正语音、语法错误，使这一部分学生不因反馈要求提升的难度过大而丧失学习兴趣；对于介于二者之间的学生，教师在评估其基础掌握程度之上，进行有伸缩的难度提升，使学生两方面的认知可以得到有效兼顾。

第三，支架性反馈有利于提高课堂教学效果。支架性反馈将原本被动地回答问题转变为主动探究，积极思考。学生在教师有层次和针对性的引导下，积极纠正错误，从易到难，提高自身发现问题、解决问题的能力。学生从知识的被动接受者转变为问题的探究者和解决者，而不是在接受教师的问题后，随意给出一个答案，然后等待教师审判正确与否，自己全然身在状况之外。有条理、有针对性的反馈使得学生更加愿意参与到师生课堂互动中，在接收到有效反馈之后，学生更加能够自觉、自愿地投入到问题的探索解决过程中去，真正实现以教师为主导、学生为主体的教学模式。

第四，支架性反馈有利于促进学生的语言输出。支架理论指导下的教师反馈更能够有效促进学生的输出。学习过程中，语言的输出环节至关重要，单纯的语言输入还不足以使学生真正掌握一门语言。但目前在一些我国英语学习课堂上，还是有学生不愿意主动地进行语言输出，这可能是由于传统的授课模式或是地域文化的影响。针对这一现象，大多数教师的对策是用提问来促进学生的输出，然而仅仅通过提问的输出，大多数情况下都是被动的。因此，针对学生回答的反馈就显得尤为关键。当教师给出在学生能力可以接受范围内且能激发学生思考的反馈时，学生们会更加大胆、主动地进行有思考的高效输出，从而激发学生积极主动地学习语言，也使他们发现和解决问题的能力和认知水平都得到相应提升。此外，师生的高效互动还有助于营造一个和谐、健康的课堂环境，而这对于班级的每一位学生来说都是十分有利的。

四、基于支架理论的翻转课堂教学在大学英语课堂教学中的意义

（一）有利于提升教学效率

目前，大学英语课堂以大班教学为主，在传统的大学英语教学课堂中，大班教学不利于教学作用的充分发挥，教师以课堂讲授为主，无法做到面面俱到，照顾到每一个学生。而在支架式理论和翻转课堂教学结合的过程中，学生对教学内容提前熟悉理解，提出疑惑，教师通过搭建支架，一步步解决学生的疑问。这有利于督促学生学习，将课堂学习时间和课下学习时间有效结合，提高教学效率。

（二）有利于提高参与度

在传统的大学英语教学模式中，学生以被动接受教师讲授的知识为主，无法真正成为课堂教学的主体，参与度较低。而在基于支架式理论的翻转课堂教学过程中，学生由被动听的客体变成了主动参与的客体、教学的主体，教师成为引导者和督促者，增加了教师和学生之间的互动与交流。翻转课堂视频等学习资料的引入激发了学生的学习兴趣，学生需要通过提前观看视频发现自己的问题和不足，做好充分准备，在课堂教学中更能提出疑惑，与小组成员和教师交流，提高了英语学习的兴趣和课堂参与度。

（三）有利于提高学习自主性

翻转课堂教学能实现的一个前提是学生课前自主学习。随着现在网络技术的发展，学生可通过网络教学平台和移动设备进行提前学习，利用课余时间在宿舍

和家学习，观看翻转课堂视频，利用网络软件参与讨论，不受时间和空间的限制。这极大地提高了学生学习的自主性和灵活性，有利于教学效率的提高。

（四）有利于评价方式的转变

传统的教学模式是在教学活动结束之后，以终结性评价为主进行评价，这种评价模式并不适用于翻转课堂教学。翻转课堂教学涉及的过程较多，在各环节和过程中进行评价更加适合，这就促进教学评价方式由终结性评价向形成性评价的方向转变。课前预习、课堂讨论、小组活动、作业完成等环节都可以进行评价，翻转课堂教学更加注重过程评价，有利于促进英语学习和实践，实现教学效果。

第三节 英语教学与人本主义学习理论

一、人本主义的理论基础

（一）马斯洛的学习理论

马斯洛是美国心理学家、人本主义心理学的主要创立者。他提出了人的需求金字塔式梯级等级表，包括基本生理需求、安全需要、归属的需要、尊重需要、认知需要、审美需要和自我实现的需要，上述需求是由低级向高级逐级递增的，人在低级需要获得满足后开始追求高级需要的满足。

自我实现是马斯洛人格理论的核心。他认为，个体之所以存在，之所以有生命意义，就是为了实现人的内在价值。在教育领域，受教育者首先是人，然后才是学习者，这是解决学习问题的前提和关键。在他看来，学习者要充分挖掘自身潜能，不断超越自我，是学习者个体价值实现的必然选择，教师应当对学习者加以引导，为学习者创造出良好的学习环境，而不是利用外界力量来强迫学习者学习。

基于人的自我实现的需要，马斯洛提出关于教育的五个原则。一是自我同一性原则。教育应该减少或消除学习者内心的矛盾和精神上的分裂，帮助学习者认识到自我与非我的统一，即个人与社会和自然的统一。二是启发性原则。为了激发和培养学习者的创造性思维，不仅要培养学习者的逻辑思维能力，还要激发学习者的非智力因素。三是美育原则。重视音乐舞蹈、美术等艺术教育对人格的教育塑造。四是超越性原则。实现对自我的超越和对文化的超越，培养具有批判精神的人。五是价值原则。通过激发学习者的内在价值，使学习者获得生存的意义。

（二）罗杰斯的学习理论

罗杰斯是美国心理学家、人本主义心理学的主要代表人物之一，他认为教育的最终目的是要培养全面发展的人，他主张以学习者为中心来组织各种教学实践活动，认为只有以学习者为中心才能促进学习者自我学习、自我发展、自我实现，才能培养学习者的独立性、自主性和创造性。

罗杰斯在《学习的自由》一书中详细解释了他的观点。一是教师要帮助学习者增强对自我的了解，积极为学习者创立轻松和谐的学习氛围和学习环境，激发学习者的学习潜能。二是教材应当反映学习者的实际生活，能够反映目的语言的社会文化特征，切合学习者的能力水平，教材的选择应当由学习者自主决定。三是教师要尊重学习者的内心感受，建立有效的沟通交流渠道，帮助学习者积极调节和疏导由于各种因素引起的心理问题，给予每个学习者展现自我的机会。四是激励学习者积极主动地探究新知识，使其培养浓厚的学习兴趣，才能取得良好的教学效果。五是学习者不应是被动地接受教师灌输的知识内容，而是主动地探索、建构知识，注重培养自主学习能力，学会自我管理、自我评价和自我提高。六是鼓励学习者多参与社会活动，培养自我求知能力。

（三）康布斯的学习理论

康布斯认为，要了解一个人首先要了解他是如何对自己和周围世界进行感觉和知觉的，这些具体的感觉和知觉汇聚起来就构成了一个人的信念系统，而一个人的信念直接影响和决定了他的具体行为方式。比如，教师认为某一个学习者行为怪异，不能只是去矫正学习者的某一具体行为，而是要了解他产生怪异行为的原因。康布斯认为学习者的怪异行为很可能只是为了博得教师的注意而已。

康布斯认为，学习活动的目的不仅仅是使学习者获得某一学科专业领域的具体知识和专业技能，更重要的是培养学习者的认知能力，即在已有知识的基础上探索、建构新知识的能力。所以，并不是教师将编写好的教学资料提供给学习者以后，学习者就会自然地真正地习得知识，因为知识的真正含义并不是直接显示于教学资料的表面，而是巧妙地隐藏其中。这就要求学习者要善于从教学资料中发现问题、探索问题并解决问题，才能领悟到教学资料所蕴含的意义。康布斯强调人的发展应当是全面的发展，即教育要满足学习者在知识技能、情感表达、意志品质等多方面的需求使学习者各方面的能力素质得到全面、均衡的发展和提高，以培养学习者健康、健全的人格，而不只是机械教授学习者具体的知识或谋生的技能。这样学习者就会在社会工作和生活中正确地处理好人与人、人与社会的复杂关系，为自己的发展创造良好的外部环境，这是教育的根本目的，也是语言教学的重要内容。所以，教师应当结合学习者的基础条件、性格特征、能力水平、成长需求等各方面因素，创设一个活泼自由、充满挑战、互助合作，学会自我尊重和尊重他人的、善于调节个人生活的学习情境，为学习者的全面健康发展创造基础条件。

二、人本主义学习理论主要观点

从以上介绍的内容可以看出，不同的人本主义学习理论由于形成条件和研究背景的差异侧重性地强调学习的不同面，但都是基于人本主义的自然人性论，各种理论观点存在的联系，主要有以下几点：

第一，人本主义学习理论认为，人们在理解、探讨、建构关于自然界、人类社会和思维方式的概念体系时要基于一个基本的出发点，那就是关于人的概念和意义。人本主义心理学强调天赋人性，关注学习者的内心世界，把个人的思想、意愿与情感等因素放在所有人发展的最为重要的中心地位，要求从人的主观意识出发，从整体上研究人的动机、人格。它对行为主义理论提出批判，反对把从动物研究实验中得出的结论简单移植到人类身上用以解释人的行为方式，强调既要研究人的外在行为方式又要注重研究人的内在思维特征。它对弗洛伊德的精神分析学说提出批判，反对把研究精神病人这一特殊群体所得出的结论推理到正常人身上，强调应当把人的内在心理活动的特征规律作为研究的重点。

第二，人本主义学习理论认为，在学习过程中尤其要强调学习者自主的思想，以学习者为学习主体，以学习者能力素质的全面发展为核心，以学习者自主学习能力培养为目标。鼓励学习者要充分发挥主观能动性，根据自己的需求制定合适的学习计划，选择合适的学习方法，管理分配自己的学习时间，随时明确自己的学习进度，反馈并调整自己的学习要求，评价反思自己的学习效果，在知识的探索建构过程中追求个性发展，提高能力素质，实现自我价值。

第三，人本主义学习理论认为，每个学习者都有潜在的能力，教育的任务就是试图挖掘并释放每一个学习者的潜在能力。这就要求教师在教学过程中要充分了解和分析每个学习者的基础条件、能力水平、个性差异智力结构等因素，针对不同学习者的个性化学习需求创设有针对性的、多层次的、可选择的、顺序递进的教学情境系统，这样才能真正做到因人施策、因材施教，实现学习者的自我发展和自我实现。

现代教育技术、信息网络技术等迅速发展及其在教学过程的广泛应用，极大方便了学习者的学习，为学习者呈现了更加丰富多彩的学习资源和更加多样化的学习渠道。知识信息的呈现展示方式、收集整理过程不再受到学习者所处的时间条件和空间条件的制约，学习者可以在任何时间和任何地点以任何方式进行学习，使得人本主义学习理论的主要思想观点得到最大限度的实现，有效拓展了学习者的思维方式，极大增加了学习者的学习策略选择，理论上为学习者自主学习能力的培养、发展提供了无限可能。

第四，人本主义学习理论既重视学习者自主学习能力的培养，也重视学习者自我修养的养成，提倡学习者的全面发展。通过建立沟通交流、合作互动、协作分享的学习方式，通过组织一系列丰富多彩、形式多样的学习活动，使学习者的个体学习有效融入群体学习中去，以个体学习成效影响推动群体学习发展，以群体学习氛围带动个体学习进步，从而营造出和谐、平等、民主的学习氛围，能够对于塑造学习者的人格特质发挥积极的作用。同伴教学或者分组学习是群体学习经常采用的有效方法，一些高校还采取了设置学习者自主学习中心的方式将个体学习与群体学习有机结合起来。

三、人本主义教学观在高校英语教学改革

（一）高校英语课程性质、目标、教学改革中的人本主义

高校英语教学是我国高等教育的重要组成部分之一。高校英语教学在教学过程中，主要是以英语教学理论为基础，对学生的英语知识应用技能、跨文化交际等各方面能力进行综合培养，以达到促进学生综合素质稳步提升的目的。由于高校英语教学加强了针对学生听说能力培养的力度，不仅实现了促进学生学习、工作、社会交往等相关活动中英语应用交际能力的提升，同时也为学生自主学习能力以及综合文化素养的提升奠定了良好的基础，满足了社会经济发展的要求。而这也进一步说明了在进行高校英语教学改革时，不能只是将英语教学简单地看作一种技能的培训，而是应该在帮助学生掌握语言知识的同时，引导学生加深对民族历史和文化的理解，才能确保学生树立正确的文化和社会价值观念，为其自身的全面发展奠定良好的基础，而这也是人本主义教学观的核心所在。

（二）高校英语课程教学模式中的人本主义

根据教育体制改革的要求，高校英语教学模式必须在充分体现其实用性、知识性、趣味性特点的基础上，对于学生在整个教学过程中的主体地位给予充分的尊重。这就要求教师必须充分发挥其教学主导作用，引导和帮助学生进行高校英语知识的学习，才能满足人本主义教学观念的要求。而这种以充分体现学生是教学主体的教学模式改革措施对于学生的成长与发展具有极为重要的意义。随着高校英语教学中人本主义教学观念的推广和应用，不仅为学生选择适合自身学习需要的学习资料和方法提供了全面的支持和帮助，同时也促进了学生自主学习能力的稳步提升。而高校英语教学过程中要求的学生自主学习和个性化学习也正是人本主义教学观念中鼓励学生自主学习最直接的体现。这就要求高校在实施英语课程教学改革时，必须要求现阶段采用的英语教学模式实现两个根本性的转变，才能确保高校英语教学改革目标的顺利实现。

人本主义主要表现在从以往的以教师为中心逐步地向以学生为中心转变、由以往的教师简单地进行英语知识和技能传授的教学模式向既传授英语知识与技能，同时加强针对学生语言运用能力与自主学习能力的培养转变。由于高校英

课程教学改革在实施的过程中，对现代教育背景下的英语教学中学生的地位进行了重新定位，学生已经不再是以往被动接受知识的学习者，而是要求教师必须积极地引导和帮助学生通过自身的思考，掌握学习英语的方法。在充分体现学生主体地位的同时，给予学生全方位的引导和帮助，才能达到促进高校英语教学质量与效率全面提升的目的。虽然在这种教学模式下学生是整个教学活动的主体，但是教师在教学活动中仍然扮演着引导、解惑的重要角色。而教师作为整个教学活动的组织者，必须将教学重点放在如何加强与学生之间的互动上，才能将人本主义教学观在高校英语教学中应用的价值充分地体现出来。

（三）高校英语教学评估改革中的人本主义

高校以往采取的教学评价体系，主要是以教师统一制定考试内容的方式对学生的英语学习情况进行测试，而对于高校英语教学而言，学生不仅要应对教师日常组织的英语测试，同时还要应对全国性的英语四、六级考试，由于这种忽略学生学习主体地位的评估体系，错误地将教师作为评估的唯一主体，再加上传统英语测试的重点主要集中于学生词汇的掌握，而忽略了学生英语听、说、读、写能力的综合考查，所以不仅对学生的学习积极性和自主性造成了严重的挫伤，同时也影响了高校英语教学效率和质量的提升。而根据新教育体制改革的要求，针对学生英语学习效果的评价应该采取形成性评价与终结性评价等几种方式。在这其中，形成性评价主要涉及学生的自我评价、学生之间的相互评价、教师对学生的评价、教务部门对学生的评价等几方面。而终结性评价则是教师针对学生学习过程所进行的总结性评价，其主要是设计期末课程考试与水平考试等几方面的内容。这种以评价学生英语综合应用能力为主的教学评价方式，对于学生创造性、独立性、自主性等各方面能力的发展具有极为重要的意义。另外，高校采取的这种以人本主义教学观为核心的综合性评价体系，不仅充分体现出了学生的自我价值，同时也为人本主义教学观在高校英语教学中的推广和应用奠定了坚实的基础。

四、基于人本主义学习理论的教学模式

（一）全身反应法

全身反应法（TPR）是由美国心理学家阿舍尔于20世纪60年代初提出的。该教学法继承和发展了帕尔默的通过动作学英语的做法，应用了心理学中记忆痕迹理论的观点，倡导把语言和行为联系在一起，通过身体动作进行语言教学。阿舍尔认为第二语言习得和儿童习得母语的过程有相似的地方。在儿童学习母语时他们最初是通过动作对父母的指令做出反应，小孩学会说话之前已经能听懂成人的指令，所以母语的学习是先理解再表达。二语学习也应如此，首先要培养学习者的听力，然后再要求学习者用口语表达，再发展读和写的能力。在教学过程中教师首先用目的语发出指令，并运用身体语言进行示范演示，等学习者能理解指令后，再让学习者通过模仿教师的演示完成动作，然后边说边做，从而感知并理解掌握语言。

然而阿舍尔提出的全身反应法主要来源于儿童母语学习的经验，一般适用于语言学习的起步阶段，不适合于复杂内容的教学，一些比较抽象的概念、单词和句子难以用这种方法进行完整、准确的表述，这就造成教师在解释一些抽象事物的时候会遇到很大的困扰。

阿舍尔主张以句子为基本教学单位，重视语言内容和意义的理解，提倡整句学习、整句运用，尤其是他认为语言学习应以学习祈使句句型为主，其他的句型需要根据教学任务要求的不同使用，采取这种学习方式可以帮助学习者快速理解目的语言，尽快实现语言知识的长时记忆，通过一段时间的积累较好地奠定语言基础，能够有效减轻学习压力，有利于培养学习者实际运用语言进行交际的能力。然而过多地使用祈使句型不利于中高水平的学习者学习较深层次的教学内容，必须同其他教学方法结合在一起使用。

阿舍尔吸取了人本主义心理学关于情感因素在学习中的重要作用的观点，认为理想的语言教学应该为学习者提供大量可理解的输入。在教学过程中要以宽容的心态对待语言运用过程中的表达错误，只纠正一些比较严重的语法错误，同时需要注意纠正的方式方法，这样做有利于减少学习者的心理负担，让学习者有轻

松愉快的学习情绪。学习者将所有输入变成可接受的信息，然后再转化为输出，对学习者的语言输出不做严格要求，不强迫学习者发言，允许学习者在预先做好准备的情况下发言。

阿舍尔认为应当提供一个与实际生活紧密相连的轻松活跃的教学环境和语言情境，让学习者在身临其境的体验中、在多种多样的活动中、在循环反复的练习中学习英语。由于TPR教学设计中包含了大量的游戏活动、角色表演、小组竞赛等课堂活动，教师必须以教学目标为导向，掌握好课堂活动的节奏和运用形式，这对于教师的课堂教学的管理能力提出了很高的要求。除此之外，他还认为每个学习者都是一个独特的个体，他们各有不同的优势和特点，存在各种形式的差异。全身反应教学法十分重视学习者的感官体验，在教学过程中广泛运用视觉、听觉、触觉在内的多种语言表达形式，有利于调动学习者的学习积极性。

总之，TPR教学法具有很强的兼容性和灵活性，在教学中一般不会作为一个完整的教学模式单独运用，而是嵌入其他教学方法中着重解决初学者对某一具体问题或语言概念理解上的困惑。

（二）暗示法

暗示教学法又称启发教学法，是由保加利亚心理学家罗札诺夫创设的，他的研究主要是受到心理暗示疗法成功案例的启发。

1. 教学过程

罗札诺夫把教学过程分为阅读理解、朗读聆听、配乐听说三个部分。讲授新的课程单元时，教师首先以丰富的表情和肢体动作对相关教学内容和背景知识进行概括介绍，然后播放轻柔的背景音乐，和着音乐的节拍，教师以饱满的激情朗读课文材料，学习者在轻松愉快的氛围感染下陶醉于教师的配乐朗诵所创设的语言情境。与此同时，注重听力与口语能力的训练，鼓励教师与学习者进行交谈。这样一个轻松的教学情境可以有效激发学习者的潜能，使学习者产生超强的记忆能力，不知不觉地记忆所学的材料了。

2. 基本观点

暗示教学法的基本观点是以学习者为中心，在学习过程中不仅包括有意识活动，还包括无意识活动，既是一种理智活动，也是一种情感活动，强调学习活动的整体性，注重发挥整体的功能，主要基于以下几个方面的理解：

第一，人具有可暗示性（也可以理解为人的可意会性、可启示性、可影响性）。暗示能力和效果的形成受到很多因素的影响，比如发出暗示的一方和接受暗示的一方在智力结构、社会地位、从事职业、语言能力等方面的差异，如果发出暗示的一方面在各方明显优于接受暗示的一方，那么就会形成较强的暗示能力和效果。

第二，人具有无意识心理活动。这是一种非理性活动，人在进行理性活动的过程中同时伴随着非理性活动，这也是产生暗示效果的重要因素。

第三，人具有非注意心理反应。在谈话过程中，听话者的注意力大部分是集中在说话者谈论的具体内容上，这就是注意心理反应，同时听话者也常常自觉不自觉地被说话者的语音语调、面部表情、动作姿态等外在因素所吸引，分散了听话者的一部分注意力，这就是非注意心理反应。

第四，人具有心理上和生理上的各种潜力。罗札诺夫认为学习者缺乏信心是最大的心理障碍，要营造轻松愉快的学习氛围和创设教学情境，以减轻压力，促使人主动挖掘并发挥出自己潜力，使人产生超常的记忆力、想象力、思维能力等。概括起来，就是教师要对教学步骤和教学方法进行精心设计，采取联想暗示、启发、强调等多种语言表述和教学组织形式，使学习者形成一种无意识的心理状态，关注学习者非理性因素对教学的影响。通过积极的心理暗示，激发学习者的学习动机和学习兴趣，克服学习者在学习中的恐惧心理，提升学习者对自身的学习期望，在轻松愉快的情绪状态下达到更好的学习效果。

3.应用策略

（1）正确运用教师权威

教师的权威是在教学过程中自然形成的，体现为教师对学习者的严格要求、关心爱护和平等相待，体现为具备精深的专业知识、广博的知识结构，体现为规范的动作表达方式，体现为健康的人格特征。树立和运用好教师的权威有助于学习者在课堂教学中更好地集中注意力，更乐于接受教师讲授的知识，更容易接受教学中的隐喻和暗示，有利于提高学习效率，增强学习能力。

（2）正确运用稚化技术

稚化是指成年学习者借鉴了儿童在学习过程中放松的心理状态、自发性的探究心理、强烈的好奇心等行为特点。稚化技术能够帮助成年学习者消除不利的、固有的暗示。教师主要是通过营造轻松愉快的教学氛围，形成积极主动的教学导向，运用灵活多样的教学方法等途径达成稚化的目的，以此消除学习者沉闷、压抑、恐惧和畏难的心理状态。

（3）正确运用无意识交流

来自教学环境和教师的表情、手势等无意识刺激对学习者具有不可忽视的潜移默化的重要影响。教师要十分注重教学环境的创造，在教学过程中要保持轻松愉快、热情洋溢的精神状态，促进学习者积极的无意识心理活动，增强学习的自信。

（4）正确运用高超的教学艺术

教师要通过自学、反思和参加培训，培养高超的教学艺术，尤其要努力学习大量的心理学专业知识，熟练掌握心理暗示技巧，才能在教学过程中有效利用暗示时机，恰当使用暗示形式，不动声色地达到暗示效果。然而在学习者人数较多的教学环境下，教师对学习者施加的暗示往往难以为大多数学习者所察觉和理解，对教学效果的影响并不大。

罗扎诺夫提出的暗示法最初来源于研究如何提高语言教学中的记忆能力所进行的教学实验，而在其他方面的能力的培养上效果是否明显还有待进一步的验证。

（三）沉默法

沉默教学法是20世纪60年代由美国心理学家、数学家C.加特诺（Gattegno）在结构主义理论的基础上提出的，是人本主义教学理论的重要流派。加特诺在 *Teaching Foreign Languages in Schools*：*The Silent Way* 和 *The Common Sense of Teaching Foreign Languages* 这两部著作中对沉默教学法原理进行了详细说明。

1. 教师教学要求

沉默法提倡教附属于学的原则，认为教师的首要任务不是如何设计教案，不是考虑以何种形式向学习者讲授课文材料，而是如何鼓励学习者进行主动积极的思考和探究，要求教师在课堂上尽量保持沉默，强调课堂教学是以学习者为中心。学习者是学习的主体，注重培养学习者的自主学习和独立学习的能力，要求学习者在学习过程中对自己的学习承担责任，在没有教师引导的情况下自己归纳出语法规律，在教学过程中，教师便由知识的讲授者变成了学习的引导者。教学的目的是培养学习者综合运用语言的能力，而不是单纯积累知识，所以对一些自主性较差的学习者来讲沉默法可能并不适合。

沉默法突出强调学习者学习的自主性，相对而言忽视了教师主导作用的充分发挥。在教学过程中如果教师对学习者在语言表达中出现的比较严重的语音和语法错误不能及时发现和纠正，长期积累下来必然会对学习者运用语言的准确性造成很大影响。

2. 教具的运用

充分利用各种简单、标准的直观教具是沉默法的教学特色。其中最为典型的教具是菲德尔图表、奎茨奈棒等。加特诺认为通过这些教具进行相关教学内容的辅助示范，可以创造一个生动活泼的课堂气氛，帮助学习者直观地理解知识的难点和重点，有利于激发学习者的好奇心和想象力，有利于培养学习者的创新思维能力，从而更快速地掌握所学知识。但是对于语言学习中遇到的一些抽象理论概念和复杂语法结构还必须依靠教师的讲解和示范，仅仅依靠简单的道具，很难系统地学习一门语言。

3. 课堂互动

在沉默法中，教师的作用就是给学习者创造一个语言运用的环境。教师根据学习者的需求确定课堂活动的内容和形式，鼓励学习者尽可能多地运用语言进行表达和交流，充分调动学习者的主观能动性，使学习者积极参与课堂活动，通过同学互动来达到学习效果，让更多的学习者通过大量的语言实践活动掌握外语交际能力。所以沉默法把培养学习者的听说能力放在最重要的位置，尤其是即兴讲话的能力，在此基础上进一步培养学习者的阅读和写作能力。

但是沉默法也存在明显的缺陷，要求教师在课堂中尽量少说话，尽量少的对教学内容做出比较详细的解释说明，也不对教学内容过多重复。当学习者出现语言表达错误时，教师不是立即指出，也不是直接予以纠正，而是寄希望于在课堂活动中由其他学习者发现并提出如何改正。由于通过同学来指出自己的错误，不但不及时而且还可能并不正确，而依靠学习者自己的体会来逐步认识错误在短期内也是无法做到的，导致学习者在课堂上可能会在很长一段时间内一直重复错误的发音或语法，浪费学习者的学习时间。

五、人本主义教学观对高校英语写作教学的启示

英语写作是英语学习者需要具备的基本技能之一，对英语写作的批改是英语写作教学的一个基本和重要的环节。人本主义心理学家认为以学生为中心的教学有利于发掘学生的潜能。因此，为了使学生正确、高效地掌握和运用外语信息进行书面表达的能力，最有效的方法就是让作文批改成为写作教学的一部分。

由于班级人数多，教师在有限的时间内无法做到对学生作文进行篇篇精批细改。此外，很多学生对教师精批细改过的文章也不感兴趣，学生关心更多的是分数，很少有学生能自觉针对教师批改过的文章重新修改完善。实践证明，通过发现同伴的错误可以大大减少自己在写作中出现同类错误的概率。因此，教师应改变传统精批细改作文的方式，由作文的批改者转变为批改活动的组织者和策划者。一方面，在日常写作教学中，教师应激发学生的兴趣和成就意识，鼓励并引导学生参与作文批改活动；另一方面，教师要求和指导学生参与作文点评和批改活动，不但能促进学生分析并察觉同伴的语言问题，而且这种察觉还能发掘学生自身的语言认知潜能，带动其英语整体水平的提升。

第四节　英语教学与多元智能理论

一、多元智能理论的概念

多元智能理论主要是强调个体在特定的环境下解决问题和创造的能力，而且它强调的智能并非传统的语言能力或者逻辑能力，而是多个独立的且以多元形式存在的整合型智能。从该理论的分类来看，人的智能分为8个方面，即语言智能、数学逻辑智能、空间智能、身体运动智能、音乐智能、人际智能、自我认知智能、自然认知智能，它们分别代表着不同的特点。受教育环境和个人能力的影响，不同个体的智能表现存在明显的差异，因此在进行教育的过程中要关注不同个体的智能特点。除此之外，多元智能理论认为不同的智能有着同等的价值，指出教育

者应该在8种智能上赋予同等的关注。最后，多元智能理论也强调实践性和开发性，关注受教育个体综合能力，提出教育者要重点开发，这是决定个体多元智能水平高低的关键。

二、多元智能理论在高校英语文学课程教学中的应用

（一）更新教学理念

教师应树立正确的教学理念，英语文学教学与实用英语教学同等重要，相辅相成。教师还应该深入研究多元智能理论，并将其纳入实践教学活动中，使教师不仅能充分发现自己的智力优势和缺陷，而且能理解学生的个体智力差异，从而提高教师的专业能力和学生的多元化发展。另外，教师应熟悉英语文学课程的特点，英美文学具有强烈的文化特质它主要反映了英美国家的文化习俗和人文精神。

（二）优化教学资源

文学史与文学作品相结合的教学原则应充分体现在英语文学课程的教学中，以优化教学资源。教学内容的设计应尊重学生个体智力的差异性和完整性。目前，中英文学教材在网上有多种教学资源，如何设计适合地方高校英语课程的教学内容是关键。教师要熟悉教材，也要充分利用教材。根据多元智能理论，每一个学生都会在各种智力中表现出卓越的智力，而优秀的智力被称为"智力优势"。因此，教师应考虑每个学生的智力需求，合理选择和优化教学资源。

（三）丰富教学模式

多元智能理论强调"以个人为中心"的重要性，尊重学生。学生是课堂参与的主体，教师教文学阅读的时候，应在要求学生阅读原英文书的前提下，让学生思考作者的创作风格、作品的意义，并在课堂上讨论它。它不仅培养了学生的逻辑—数学智能，而且提高了学生的语言智能。在文学传统、文化背景和文学术语的教学中，教师应将教学方法与教学技巧相结合，使学生既能兼顾不同的智力，又能系统地吸收教师所讲授的知识。

（四）关注学生的个体智能差异

由于生活环境、家庭背景和遗传因素的影响，学生的认知能力、兴趣、性格、

智力等方面都是有差异的。因此，他们的学习方式、方法、习惯和能力也有较大的差异。这就要求教师对学生进行全面的认识，尊重学生的差异，灵活运用教学方法和手段，使教师的教学方法与学生的学习风格紧密结合，使学生通过多渠道学习相同的知识点。

（五）加强英语自主学习平台建设

加强英语自主学习平台建设不仅需要依靠课堂学习，更需要课外自主学习，因此加强自主学习计划的建设是十分必要的。教师可以利用网络资源和书籍资源来建立学生自主学习平台。教师建立交流平台，学生可以在平台上独立学习，也可以与他人交流，向他人推荐优秀作品，这不仅体现了学习的灵活性和人文性，而且弥补了课时的不足。

（六）丰富评价方式

传统的评价方法主要基于考试，强调学生的语言智能和逻辑测量，往往忽视学生的其他智力测试。目前，许多地方高校仍然采用这种评价方法，评价的内容过于依赖教材。根据加德纳的多元智能理论，英语文学课程评价应考虑学生智力的差异性，多角度理解学生的智力。因此，教师应丰富评价方式，给予学生公正、客观、全面的评价。

第三章 建构主义理论——认知学习理论的新发展

建构主义心理学理论（Theory of Constructivism Psychology）于20世纪90年代在美国兴起，是认知主义理论的进一步发展。认知主义认为知识是由外部直接输入的，是外部事物在学习者大脑中的客观反映，既可以是学习者在具体实践中获得的直接经验，也可以是从课堂教学获得的间接经验。而建构主义认为，知识只是对外部事物存在状态的一种解释和假设，是在学习者已有认知结构基础上的主动建构。

第一节 建构主义的理论依据

一、认知发展理论

皮亚杰（J.Piaget），瑞士心理学家，发生认识论的提出者，皮亚杰对人的认知发展特征进行了充分研究，形成了认知发展理论（Congnitive-developmental Theory）。

1. 发生认识论

1970年，皮亚杰发表了《发生认识论原理》（*The Principles of Genetic Epistemology*），提出了发生认识论，对认知形成的过程进行深入研究。

（1）皮亚杰认为，学习者的认知不是源于主体，也不是源于客体，而是在主、客体之间的相互影响、相互作用的过程中由学习者主动建构形成的。也可以理解为：认知就是在学习者自我意识的控制下自觉运用已有的认知结构和思维图式对来自客体的输入信息进行同化或者顺应，从而使主、客体处于动态的平衡状态，是一个双向的建构过程，所以学习任务的选择设计要切合学习者的认知水平。

（2）学习者的认知既不是来自学习者先天的遗传，也不是来自对客体的经验知觉，强调学习者的主观能动性在认知过程中所起到的积极作用，认为学习者只有在主动思考时才能获得有意义的建构。对于外部语言输入的刺激，学习者应抱着开放、积极的态度，主动在已有认知结构中寻找恰当的同化或者顺应方式，作为教师，要积极创造条件帮助学习者建构学习过程。

（3）认知发展可以理解为：通过学习者的自我调节和主动建构使学习者的认知结构从原有的平衡状态向更高级的平衡状态进行过渡和转化的过程，当发生新的刺激时就产生了不平衡，通过主体和客体的相互作用产生同化或顺应的过程，使认知达到一个新的水平，恢复平衡状态。认知发展就是这样一个循环往复的提高过程。

教师应当帮助学习者及时查找、分析学习过程中产生的语言错误的深层次原因，学习者改正错误的过程就是一个学习者自我调节、自我平衡的过程，教师要促进学习者及时调整已有的认知结构，不断达到新的自我平衡，不断提高自己的学习能力。

2. 以儿童认知发展为例

皮亚杰运用发生认识论的基本观点和方法对儿童的认知发展过程进行了系统、深入的研究，他认为从儿童开始就已经具备了主动建构认知图式的能力，并且主要是通过同化和顺应的过程实现认知图式的不断发展和完善。同化是指儿童主动吸取来自外部环境的信息并自觉地结合到儿童已有的认识结构中，从而成为其中不可分割的组成要素的过程。顺应是指由于外部环境发生了明显变化，儿童已有认知结构无法完成对输入信息的同化，主体为了满足外部环境的影响和需求而对已有认知结构主动进行调整的适应过程。

由此可见，顺应与同化是认知发展过程的不同侧面，同化主要体现了主体对外部输入信息的主动调整，而顺应主要体现了主体对外部输入信息的被动适应，儿童主要通过这两种形式的交替作用来实现与外部环境的动态平衡。具体来说，当儿童能在已有认知结构的基础上去同化输入信息时就说明当前的认知结构处于平衡状态，而当已有认知结构不能对输入信息进行同化时，意味着原有的平衡状态被打破，就必须对已有认知结构进行主动调整，通过顺应过程在已有认知结构的基础上形成新的认知结构，从而达到新的平衡状态。所以，儿童的认知发展就是在与外部环境的交互作用中通过同化与顺应形式逐步建构的过程，并在同化—平衡—顺应—不平衡—新的平衡的循环往复过程中得到不断地完善和提高。

皮亚杰的同化和顺应过程也可以理解为新的认知结构的建构过程，所以皮亚杰的发生认识论也是建构主义思想的重要理论来源之一。

二、社会文化理论

社会文化理论是由苏联心理学家和社会文化历史学派的创始人维果茨基（L.S.Vygotsky）提出来的，认为学习过程是在特定的社会文化情境中进行的，社会文化因素对提高学习者的学习能力起到了十分重要的促进作用。他的社会文化理论有力推动了建构主义的形成和发展，其核心概念包括中介、内化、最近发展区等。

1. 中介

维果茨基的中介理论认为，人类对于自身心理活动的调节是通过语言、科学、文化等一系列的符号工具作为中介来进行的，其中语言是极其重要的一个符号工具。学者的研究表明，人类通过使用工具进行劳动从而完成了从动物到人类的进化，形成了低级心理机能，而人类在与他人、与社会的互动交往过程中产生并形成了高级心理机能，是社会文化历史发展的产物。人的认知心理发展就是在语言等中介的直接作用和影响下由低级心理机能逐渐向高级心理机能转化、提升的动态发展过程。

维果茨基在运用中介理论研究教学问题时，进一步提出了日常概念和科学概念。日常概念可以理解为学习者在日常生活的积累中形成的实际生活经验知识，是学习者在学习前就具有的初始认知结构状态。科学概念可以理解为在正规学校教育中学习的学科专业知识，是学习者经过学习后应当达到的认知结构状态。教学的作用在于通过中介工具的组织协调，在日常概念和科学概念之间建立起相应的联系，从而实现学科专业知识的内化。教学中的中介工具主要包括教学资源、语言学理论、教学理论、教学环境等。

2. 内化

维果茨基认为，个体在与他人和社会的互动交往过程中产生并形成了高级心理机能，这还只是局限在社会交际心理层面，经过多次的重复进行和过程演化，才能由社会交际心理层面延伸到个体内部心理层面，这个转化过程就是内化。

语言学习就是语言知识内化的过程，在内化的进程中需要学习者、教师、教学环境等几个方面相关因素的密切配合和共同作用，其中各种形式、各种类型的社会文化环境因素对语言学习起着至关重要的作用。教师在语言教学中要注重创造适宜的学习环境，设计多样化的教学活动，制定符合学习者需求的教学目标，采取合作式的学习组织形式，运用恰当的教学方法，激发学习者学习的主动性、积极性和学习热情，推动语言知识内化的过程。

3. 最近发展区

维果茨基的《在社会中的心智：高层次心理过程的发展》（*Mind in Society: The Development of Higher Psychological Processes*）中提出了其社会文化理论的核心思想，即最近发展区（Zone of Proximal Development）的概念。在学习过程中，学习者首先具有现实的学习能力，这是学习者通过自主性的学习就可以达到的能力和水平，同时学习者在学习过程中要接受教师的指导和帮助，要接受其他学习者的协助和支持，并通过学习者自身的努力从而达到一个新的高度和潜在能力水平，这两种能力水平之间的差异被称为最近发展区。

然而最近发展区并不是静止不变的，学习者在达到新的能力水平之后并不是止步不前，而是要从被动地接受帮助转变为主动地进行探究。学习者要在教学过程中积极主动地与教师进行交流、沟通和互动，积极模仿、汲取和内化教师的教学经验和社会经验，从而将潜在能力水平看作新的现实学习能力，开启一个新的最近发展区，使学习者的学习能力不断从现存的低一级发展水平逐渐地过渡到一个较高一级的发展水平。

作为教师应当根据学习者的基础条件和当前能力水平设定一些具有适当难度的学习任务，并在学习过程中提供及时必要的指导以协助学习者跨越当前的最近发展区，创造新的最近发展区，进而实现更高水平的发展。

第二节 建构主义的主要内容

一、学习是知识建构的过程

建构主义认为，我们对客观世界的理解，有赖于学习者自身的认知结构，由于每个学习者的社会经验、家庭背景、生活经历迥然不同，因此学习者形成了不同的价值观念和思维方法，对外部世界的认识和理解有着不同的视角，对现实问题的解决有不同的方法和途径，具有较强的主观性。

建构主义认为，学习是学习者主动建构自我认知结构的过程，是基于特定的社会文化情境、丰富的学习资源，通过与教师、其他学习者的沟通、交流、协商、合作的方式完成的。具体来说，任何年龄、任何背景的学习者在进行学习前都有自己已有的相关知识，对客观世界都持有自己的看法，有着属于他们自己的知识结构、主观经验和社会文化背景等，这些是他们赖以进行认知建构活动的基础。在接收外部信息的过程中，学习者要发挥主观能动性对外部信息进行选择、消化、整理、吸收，然后与原有知识体系进行比对、分化、融合从而形成对客观世界新的感知、理解，并在与特定社会文化情境的互动中逐步建构起对客观世界的全新认识，形成新的认知结构以取代原有认知结构，这是一个循环往复和动态发展的过程。

特里林把基于建构主义理论的学习概括为五种要素。一是情景，学习的环境条件对学习效果有很大影响，有效的教学实践需要以真实的、情景化的学习任务与条件为载体。二是建构，建构就是同化和顺应新知识的过程，当新知识与现有认知结构不相符时，就必须顺应变化，重新建构认知结构。三是关注，内在动机要比外在动机对学习效果的影响更为重要，学习者应充分提升自主学习能力和创新思维能力。四是能力，学习者要注重多元智能的发展，强调学习方法的多样性和学习方式的个性化。五是共同体，共同体是指学习具有社会性、协同性的特点，师生关系、学习者关系、学习条件、环境因素等都会对学习者的学习产生重要的影响。

二、学习者是知识建构的主体

学习过程应以学习者为中心，尊重学习者的个体差异，要充分调动学习者的主观能动性和主体意识，根据学习者的现有知识基础和学习能力，有针对性地采用个性化学习、自主性学习、合作化学习等学习方式，促进学习者认知结构的重新构建。

建构主义者强调学习者经验背景的重要性，在学习过程中，即使遇到他们还没有接触过的新问题、新情况，也能够根据平时学习过程中积累的学习经验、遵循一定的逻辑推理顺序和思维判断流程提出解决问题的新方法。所以在教学过程中，教师要注重引导学习者不断积累学习经验和学习体会，夯实建构的基础。

建构主义认为，不同的学习者具有不同的经验背景和知识基础，对同一个学习主题往往有着不同的认知视角，教师应当尊重这种差异性，引导学习者彼此交流、沟通、倾听、借鉴、探讨，这样有利于形成更多元、更丰富的理解。

三、教师是知识建构的引领者

基于建构主义的教师角色与传统教师角色有着极大的差异，教师不再只是知识的传授者、呈现者，而成为学习者知识建构的引领者、协助者，教师的主要任务不再只是准备教案，更重要的是科学组织教学过程，积极开发网络信息资源，主动运用现代教育技术，设计制定相关教学课程，指导学习者的自主学习，所有这些角色的扮演都是为了引导学习者更加有效地完成意义建构的过程。

教师角色的转变不是削弱了教师的作用，恰恰相反，建构主义对教师的能力与素质提出了更为全面、更为苛刻的要求，教师要在学习内容、策略方法、技能培养、技术运用等各方面给予学习者更有力的帮助。这就要求教师必须不断进行自我反思和自我批判，不断学习新的教学理论，不断改进教学策略方法，这样才能更好地适应和促进学习者的学习进步。

四、教学情境是知识建构的条件

建构主义认为,知识的建构是基于特定的社会文化情境。教师在进行教学设计时应当为学习者创设近似真实的、与学习者实际生活密切相关的、紧扣教学内容和目标的教学情境,使学习者在其中进行感知、尝试、假设、质疑和探索,并通过与教师、其他学习者之间的交流、对话、协作、共享,对外界输入信息进行辨识选择和加工处理,最终完成意义的建构。

布鲁克斯指出,对学习者来说建构通常是由一个好的问题来激发的。教师应当以产生于真实情景中的问题为起点,布置具有启发性的教学任务,激发学习者的求知欲和学习兴趣,拓展学习者的创新思维空间,鼓励学习者主动实践,加深理解,深入探究,解决问题,更新认知,推动意义建构的过程。

五、教学评价是知识建构的工具

建构主义认为,教学评价有利于指导帮助学习者完成知识建构的过程,尤其要注重学习者自主学习能力的培养,强调学习者在自主学习过程中的自我探究、自我设计、自主管理、自主调控等能力的运用,促进学习者对学习内容和过程的自我反思,更符合知识意义建构的实质。

建构主义主张,在评价前,教师、学习者以及评价相关各方要进行充分协商,就评价的内容、范围、程序、重点等达成一致,教师和学习者不是单纯的评价与被评价、考核与被考核的关系,而是平等合作、共同促进的关系。

建构主义认为,学习者的认知能力是在知识建构的过程中以不同的形式展现出来的,评价过程应当与教学过程有机融合、同步进行,有利于及时发挥评价结果对学习者的激励、反思和自我调控作用,而不是作为教学过程之后的一个独立环节。

第三节 基于建构主义的教学方法

一、抛锚式教学

抛锚式教学（Anchored Instruction）可以理解为基于实例的教学，教学内容是建立在真实的事件和情境的基础上，学习者在实际环境中去感受和体验，产生学习需要，确定教学问题，这个问题就是教学过程中的锚。学习者通过自己的亲身体验和自我实践，通过学习共同体中成员之间的讨论互动和交流分享，积极寻找解决问题的途径和方法，在自主学习过程中获取真实的、直接的学习经验，完成知识的意义建构，而不是完全依赖于教师、他人传授的间接学习经验或者从教材、书籍和网络上获取的抽象的知识介绍。

在教学实践中，学习者以具体问题为牵引，积极探索问题的多种可能的解决方案，抛锚式教学方法为学习者提供了一个发现问题、分析问题直至解决问题的有效途径。教师从信息提供者转变为学习者的学习伙伴，主要是为学习者的主动学习提供恰当的指导，如需要搜集哪方面的资料、获取相关资料的途径以及研究和解决问题的常用方法等。

二、随机进入教学

随机进入教学（Random Access Instruction）要求教师在组织教学时应当注重向学习者呈现某一抽象概念和知识的复杂性特征，对某一教学内容的学习一般分为不同时间、不同阶段逐步推进，每个学习阶段设定的教学主题、目标任务各不相同，分别围绕教学内容的不同要素、不同部分和不同侧面来安排。这样有利于学习者在需要时可以通过不同方式、不同途径、不同指向，或者以随机的方式或者以重复的方式进入相同的教学内容。在学习过程中学习者自主安排知识内容、自主选择学习策略及方法，获得对教学内容多视角、多层次的认知，逐步促进对知识的全面深化和理解，最终完成知识的自我建构和自主发展，使学习者的思维能力得到训练和发展。

随机进入教学非常适合高级学习阶段的教学，其特点在于试图把教学中抽象的概念和知识与具体的、真实的教学情境对应起来、联系起来，使之具象化，有利于发展学习者的自主学习能力、逻辑思维能力、解决具体问题能力、语言知识的迁移能力。

三、支架式教学

支架式教学（Scaffolding Instruction）是指把教师指导作为支架，在教学活动中将学习管理的主动权由教师向学习者让渡的过程，教师根据学习者对学习内容的掌握情况逐步撤掉支架，最后使学习者达到自主学习的目的。

1. 支架与支架式教学

支架的概念来源于建筑工地的脚手架，搭建脚手架的目的是方便工人站在上面施工，房屋竣工后再撤除。美国学者佩雷戈强调教师要提供语言上的脚手架来帮助学习者学习语言，多纳托将支架进一步理解为一种教学情境，教师要为学习者创设一种支持条件以帮助学习者提高知识和技能水平。

支架式教学强调教师在教学前，要在学习者已有的知识经验基础上，根据学习者学习的新知识内容和教学目标要求，为学习者建构对新知识的理解搭建一种概念框架。具体来说，教师创设一个具体的教学情境，提出需要学习者解决的问题和任务，同时搭建一系列帮助学习者自主建构知识的支架，帮助学习者实现无法独立完成的任务，启发引导学习者对知识进行深层次的探索，教师指导成分要随着教学过程的深入而逐渐减少，同时要不断发展和提高学习者在原有认知结构基础上内化新知识的能力，从而把学习者对知识的理解逐步引向深入，使得学习者即使在没有教师指导的情况下也能借助已经掌握的概念框架进行独立探索、发现学习。

在支架式教学中，必须确保教师在切实提高学习者自主学习能力的基础上逐步撤除支架，既不能过早、过急，也不能过迟、过缓，正是通过这种支架的支持，使得学习者能够更快地理解和内化知识，更快地提升自主学习能力。当撤除支架时，学习者也完成了知识的意义建构过程，认知能力也提高到了一个新的水平，从而跨越最近发展区。

2. 支架的设置

（1）每个学习者的基础条件和智力结构存在着明显差异，教师应当针对每个学习者的具体情况灵活设置个性化支架。对认知能力较强的学习者可以设置一些较为笼统和抽象的支架，并且可以较早撤出支架，而对认知能力较差的学习者设置的支架可以较为具体和详细，并且可以较晚撤出支架。所以有效的支架设置要有针对性，要充分考虑到每个学习者的具体情况和个性需求，不能一概而论。

（2）在支架式教学中，支架的设立不是一成不变的，要在学习者最急需的时候提供及时、恰当的支架，随着学习者学习能力的不断提高，支架的形式和内容也需要进行相应的动态调整。在一般情况下，支架的设立要按照由低到高的难度顺序循序渐进的进行，只有在完成了难度较低的支架才能进入难度更高的支架，有利于学习者快速进入并最终跨越最近发展区，实现预定的学习目标。

（3）在支架式教学中，支架的撤出也需要循序渐进地进行。教师应当密切观察学习者的学习进展情况，根据学习者知识技能的掌握程度和学习能力的提高情况逐渐减少支架的数量，降低支架的复杂程度，给予学习者更多的自主学习和意义建构空间，当学习者具备了较高的认知水平、较强的自主学习能力，能够自主解决学习过程中遇到的问题，教师就可以把整个支架完全撤出。

3. 教学过程

（1）确定学习者的最近发展区。教师应当紧紧围绕课堂教学的目标要求，通过课前学习者对教学内容的自主学习情况来了解，也可以通过教师的随堂提问、观察、交流来确认，从而保证支架设置的有效合理。

（2）设定支架。支架一般有预设支架和过程支架两种形式：预设支架是教师根据教学目标的需要在课前就提前设计好的一系列教学内容，如预先设计一些问题、图表、范例等以帮助学习者更好地理解课文；过程支架是教师在教学过程中根据学习者的需要临时设计一些有较强针对性和指向性的问题，如词汇解释、语法举例、临时对话等，使学习者得到即时的、有针对性的帮助。

（3）情境设定。情境的引入和设定应当是灵活的、动态的，既可以是一个完整的教学环境，也可以是一个教学片段，教师可以通过提出问题、内容回顾、图片展示、场景规划、任务设计、专题对话等多种形式形成一系列独立的语言情境，学习者在这个语言情境中完成知识的意义建构过程，提高学习者的语言运用和交流能力。

（4）协作学习。根据教学任务要求将学习者分成若干学习组，学习者通过小组活动开展合作性学习，一般采取小组讨论、协商对话、沟通交流、资源共享等多种形式。这样，一方面可以加深学习者对教学内容的理解，另一方面可以在小组活动中提高语言交际能力，在提高学习能力的基础上完成意义建构。

（5）自主学习。学习者围绕单元教学目标或者教师指定的学习内容，充分利用来自不同渠道的教学资源，从不同类型的学习对象中获取多方面的知识，根据个人的学习程度自主选择学习时间、学习方法和学习策略。在这个过程中教师的引导逐渐减少直至学习者能够完全按照教师要求进行教学内容的自主学习。

（6）教学评价。一是通过课堂自评、小组互评和学习者互评，教师能够及时掌握教学过程中存在的倾向性问题，及时对支架设置的时机、难度、内容、形式进行动态调整；二是教师可以对学习者做出及时的反馈，让学习者得到一个较为全面科学的综合评价，激发学习者的学习兴趣和动机。

总之，基于建构主义思想的各种形式的教学方法都强调学习者的自主学习、主动探究和意义建构的过程，都注重为学习者创设模拟真实目的语社会文化的教学情境，都倡导学习者之间的互动、交流和协作。这些教学方法都有利于学习者思维能力的提高和创造性以及实践能力的培养。

第四节　建构主义教学理论的不足

建构主义理论汲取了哲学、心理学、社会学、系统科学、语言学等多学科领域的营养和资源，理论基础丰富，理论体系完整。但同时建构主义理论体系比较庞杂、理论分支比较多，各流派从不同角度对建构主义进行诠释和拓展，也正是因为不同流派观点之间的冲撞，促使建构主义理论不断创新与发展、丰富与完善。

建构主义教学理论是对传统教学理论的继承、批判和超越，真正确立起以学习者为中心的教学理念，建立新的学习者观、教师观、教学观。

有学者认为，建构主义教学理论运用于复杂的教学活动背景中，难以对其效果做出准确的、系统的分析，因此建构主义教学理论尚有许多不完善的地方。

建构主义教学理论针对如何发挥情境教学在培养学习者自主学习能力中的作用提出了很多重要的思路和具体的做法，对情境教学给予了前所未有的重视。但它相对而言忽视了语言习得过程中学习者的个性化差异，忽视了间接经验的学习。

建构主义教学理论认为语言的习得过程也是学习者知识技能的意义建构过程，注重建构的过程而不是建构的结果，不存在对客观事物终极的、唯一正确的理解。这种观点过于强调学习者对意义的主动建构，带有强烈的相对主义色彩，忽视了真理的绝对性。

语言习得不仅包括对语言知识的理解和掌握，还包括对语言技能的训练和运用，前者构成了意义建构过程的主要目的，但是后者对于学习者进行有效的语言交际发挥着不可或缺的重要作用，也是语言习得的重要目标。建构主义只是强调了知识的意义建构过程，忽视了技能训练的必要性。

在传统教学中，对学习者而言教师意味着无上的权威，学习者努力掌握教师在教学任务中提出的教学目标要求。建构主义认为，师生之间应当平等地进行对话、交流和协商，然而实际情况是教师的中心权力与绝对权威的现象并没有完全被打破，最多只是部分程度上的削弱而已，有学者指出问题的关键在于不论教师在教学过程中做出什么努力来倡导建构主义教学思想，对学习者的最终评价结果最终是由教师决定的。

第四章　英语教学模式相关理论与实际应用

第一节　讲授型教学模式

一、讲授型教学模式概述

讲授型教学是教师利用教科书、粉笔、黑板、简易模型等工具，通过口头语言讲解，以知识传授为主要目标的"封闭式"的课堂教学模式。"讲授法"有其悠久历史。在古希腊时期，著名思想家、哲学家、教育家苏格拉底通过对话、提问、揭露矛盾的方法让学生从具体事物中提炼出一般规律，从而获得普遍知识。这种教学方法是讲授型教学的一种早期形态，被称作"精神助产术"。春秋末期，我国著名思想家、教育家、儒家学派创始人孔子，以启发式为原则，采用问答式方法进行教学，孔子的教学方法包含着大量"讲授"的成分。欧洲工业革命的兴起和资本主义的发展促进了学校教育的产生。捷克教育家夸美纽斯在《大教学论》中奠定了班级授课制的理论基础，使讲授法得到发扬。德国教育家赫尔巴特和苏联教育家凯洛夫提出了"五段教学法"——组织教学、检查复习、讲授新教材、巩固新教材、布置课外作业。在"五段教学法"中，"讲授"成为课堂教学最重要的环节。几十年来，我国学校教育中大量采用"五段教学法"，讲授型教学成为各级各类学校占主导地位的教学方法。

（一）讲授型教学的原则

讲授型教学法的缺陷不是其本身所固有的，而是与教师的运用不当相关。讲授型教学法运用得是否成功与教师自身的教育理念、知识水平、教学能力直接相关。要充分发挥其优势，任课教师必须在教学过程中遵循以下原则：

1. 启发性原则

启发的目的是引导学生主动思考，使学生在现有知识基础上对新知识产生心理需求，从而打破原有心理平衡，产生学习动机。通过启发引导，使学生主动建立起教学任务与自身已有知识的联系，并将新知识纳入学生原有知识系统中。实质上，学习是一个知识"内化"的过程，学生的主动思考是知识内化的必备条件。教师的启发式教学起到的是一种催化剂的作用。

2. 形象性原则

实物、模型、形象化语言，可以使学生在头脑中留下清晰的图像，丰富学生感性经验，为学生脑中形成概念、掌握规律奠定基础。讲授型教学中通过语言进行生动的描绘，形象化的语言可以帮助学生理解和记忆，扩展学生丰富的想象力，激发学生学习兴趣。

3. 情感性原则

学习是感知、记忆、想象、思维等各项心理特征共同参与的认知过程。在这一过程中，情感发挥着强化或弱化认知效果的作用。满意、愉快、兴奋等积极的情感能够使人反应灵敏、思维开阔、主动探寻、增强记忆。反之，不满、悲伤、抑郁的情感则使学生反应迟钝、思路狭窄、行为懒惰、厌倦学习。在教学过程中，教师要以自己的人格魅力去感染学生，使学生"亲其师，信其道"。讲授型教学中，教师要用富有情感色彩的语言调动学生的正面情感，使教学成为师生之间、学生与作品之间情感交流的过程。融入正面情感因素的教学会使学生对学习充满热情，不仅提高教学效率，也有利于学生健康人格的形成。

4. 互动性原则

教学过程不应该是教师向学生单向地传授知识，而应该是师生之间、学生之间双向（多向）的互动过程。在教师的引导下，通过教师发问、学生作答的方式了解学生知识掌握程度，引发学生对问题的深入思考；通过学生提问、教师解答的方式，可以及时了解并排除学生的学习难点，培养学生主动探寻的意识。教学过程中的互动，使"教"与"学"融为一体，及时发现教学过程中存在的问题，活跃课堂气氛，调动学生主动性，并照顾到个别学生的学习差异。

5. 科学性原则

科学性体现在内容、态度、语言几方面。对科学知识的渴望与追求是学生学习的内在动力，讲授内容正确、没有知识性错误是对教师授课最起码的要求。教师要以科学的理论为指导，从实际出发，尊重科学，尊重学生，严谨治学，去伪存真。在教学语言的运用上，教师要力争做到对科学概念的阐释全面准确，对抽象问题的讲解清晰透彻，教学语言深入浅出、逻辑严谨、生动形象，同时要注意联系学生实际，培养学生能力。科学性是教学工作的灵魂。

（二）讲授型教学的优势

一些教育家在对"讲授法"这种教学方法进行了几十年研究后认为："讲授法"是一种最有效的教学方法，有众多优势。

1. 有利于发挥教师的教育职能

讲授法教学过程中，教师处于主导地位，可以通过富有情感的语言表达，用自己的思想和意识感染学生，达到教育学生的目的。但在信息化教学环境下，更多强调学生的主体地位，突出学生的自主学习，由于教师不处于教学的主导地位，教师教育职能的发挥受到一定限制。

2. 有利于传授系统化知识

教师通过连贯讲述，把知识系统地传授给学生，使学生完整地接受和继承人类文化遗产。与讲授型教学相比，网络环境下的探究式学习要在信息的海洋中查找相关知识、探寻答案，会花费更多的时间，得到的知识也可能是支离破碎的。在重视通过多种教学方法培养学生各种能力的同时，不能忽视传授系统知识在学生培养过程中的重要性。

3. 有利于增强教学效率

教师通过课前精心准备和课堂中系统化讲述，可以在短时间内把大量有价值的信息教授给学生。班组授课的教学组织形式使信息以一对多的方式传递，大大节约了教学成本，提高了教学效率。信息化环境下的教学，以多媒体方式呈现，以超媒体方式组织。学生在学习过程中很容易信息迷航（迷失在信息的海洋中），使学习失去方向和目标，不能在有限的时间内完成学习任务，影响教学效果。

4. 有利于控制教学进程

教学是教师有目的、有计划、有组织地引导学生学习知识、培养能力的过程。在讲授型教学过程中，教师掌握着教学主动权，可以更好地把握所教知识的难易、教学的节奏、师生的互动，根据教学内容和学生特点随机应变，以达到较好的教学效果。其他各种类型的教学方法中，教师的控制程度都不及讲授型教学。

5. 应用范围广泛

任何一种教学方法都不可能脱离讲授而独立存在：演示法离不开教师的讲解，讨论法离不开教师的参与，实验法离不开教师的指导，信息环境下的各种教学模式也离不开教师作用的发挥。"讲授"是教师从事教学的基本途径，没有教师的"讲授"，教学无从谈起。

（三）讲授型教学的劣势

讲授型教学的优势是明显的，然而近些年来人们对这种教学方法也存在诸多质疑，概括起来主要有三个方面：

1. 不利于发挥学生的主动性

讲授型教学突出教师在教学过程中的主导作用，以教师的讲授为主。由于处于被动接收信息的状态，长此以往，学生容易形成依赖心理，对知识不求甚解、死记硬背，逐步失去主动探寻知识的意识和习惯，导致课堂上教学气氛沉闷，教学效果不好。现代教学论认为，教学应该是教师与学生、学生与教材、学生与学生之间多向的信息传递，互相交流、互相促进的过程。教学应该紧紧围绕学生的"学"展开，只有通过学生积极主动地"学"，知识才能被学生"内化"和吸收。学生的积极参与、主动思考是增强教学效果的关键。信息化教学环境下，学生可以自己动手操作，可以围绕问题在网络多媒体环境中进行探寻，可以进行协作学习，有利于调动学生积极性，发挥学生主动性。

2. 不利于因材施教

学生存在个性差异，知识基础、理解能力、学习习惯、兴趣爱好各不相同，讲授型教学以统一的步调开展教学，不能很好地考虑到学生的差异，使学生对教学内容有的"吃不饱"，有的"吃不了"。因而讲授法的集中授课方式不能考虑个别学生的差异，是班级中"落后生"产生的原因之一。讲授法的这一不足可以通过其他渠道弥补，如课上提问、课下交流。多媒体网络教学环境使师生之间有了更多的交流渠道，使因材施教有了更多的途径。

3. 不利于实践能力的培养

我国各级各类学校的学生中普遍存在动手能力差的问题。课堂教学中，当讲授所占的比重过大时，学生活动所占的时间必然减少。这种状况的长期延续，使教师和学生形成思维和行为定式，演变为课堂上只有教师讲和学生听，学生的实践环节被忽略。要重视学生实践能力的培养，在教学过程中要强调"精讲多练"，根据教学内容的不同选择恰当的教学方式，适当增加学生的实践环节。

二、讲授型教学模式在英语教学中的运用

不同的教师有不同的讲授方法。笔者在长期的英语教学实践中，总结归纳并运用了讲授法的几种具体方法，对于激发学生的学习兴趣，活跃课堂气氛、增强讲授效果起到了重要的作用。

（一）TPR法

TPR 即"Total Physical Response"（全身反应法）。TPR法，简单地说就是教师在英语授课过程中，为了使学生更好地理解所表达的内容，充分利用身体的各个肢体部位做出与教学中所要表达的含义一致的动作（如手势、神态或表情、跑动、转动），所运用的一种教学讲授方法。

肢体语言可以促进学生的思维，使其大脑变得异常兴奋、活跃，充分调动其积极性、主动性，从而使所学的内容在大脑中留下极其深刻的印象，记忆得非常牢固。以声音表达出来的语言对大脑的刺激比较单调，而肢体的运动带来的信息就丰富多了。教学中既有运动信息，又有视觉信息，所有这些信息同时输入大脑，就可以形成更为深刻的印象。将来，学生需要某个信息时，只要稍加回忆即可。

我国学生学习英语往往缺乏语言环境，对学习英语十分不利。所以，教师应尽量避免在课堂上过多地用汉语进行讲解，以提高学生对英语的敏感性。为了让学生理解教师的意思，需要借助于TPR教学的方法。笔者曾在教学生"Thanks, Mom, for All You Have Done"时，引用了拉德亚德·吉卜林的一首诗来说明母

亲的伟大："If I were hanged on the highest hill, mother of mine, O mother of mine. I know whose love would follow me still? Mother of mine, O mother of mine."当笔者在课堂上做出被吊起来的动作时，学生便猜出了其中的意思。这样一来，经过身体语言训练的学生，当听到"hang"这个词的时候，脑海中便会立刻出现"吊起来"的反映，从而逐步养成用英文进行思维的习惯。而没有经过身体语言训练的学生，首先要把"hang"翻译成汉语的"吊、挂"，然后再想出"吊、挂"的具体动作，多了一个翻译的环节，也就比前者慢了一拍。尤其在遇到听力测试时，脑海中总是在进行英汉互译，跟不上正常的听力速度。

通过在教学中引入TPR方法，首先，可以充分调动学生的课堂积极性，吸引其注意，使大脑处于积极的兴奋状态，这是非常重要的前提。其次，可以加深记忆，能比那种死记硬背的方式记得更牢固、更扎实。再次，可以使学生养成用英语思维的习惯，提高听力。最后，由于学习英语的目的就是为了能在实际中运用，用肢体语言进行讲授教学，可以提高英语的运用能力。

（二）以学生姓名为例法

以学生姓名为例法，就是在课堂教学中以学生为对象、为例句的一种教学讲授方法。学生是课堂教学中活生生的个体，教师眼中不能忽视他们的存在。既然是个体，那么他们之间就存在着差异性。教师要善于发现每个个体的优点，从而在课堂教学中不失时机地用学生姓名来举例。需要注意的是，采用这种方法一定要以表扬为主，举例要贴近生活。该方法不但能满足学生被关注的心理，而且能提醒他们认真听课。学生会警觉："老师在说我什么？"其他学生也会引起注意，从而激发全体学生的好奇心和求知欲。比如，笔者教授"patient"这个单词，当说出"Li Xiaohong is patient."时，这名学生立刻做出反应："我不是病人。"笔者解释说："我是说你有耐心"，他便满意地笑了。进而，笔者将这句话与"He is a patient."进行比较，从而引出形容词和名词的用法区别。记得一名学生曾很羡慕地说起被教师当作例句的学生"好幸福"。笔者就转向以他为例，以满足其心理需要。以学生姓名为例，最重要的目的是让他们掌握英语知识。试想，若"Tom"是一个与学生毫不相干的人，那么就不会达到相同的教学效果。通过实验，证实了推断：很少有学生关注"他"是"生病"、还是"有耐心"。所以，以学生姓名为例不失为课堂教学讲授中激发学生兴趣的好方法。一方面，可以促进学生的参与意识，使其意识到自己身边的人和事是很容易用英语来描述的，进而消除对英语的神秘感和畏惧感。另一方面，还可以加深记忆。由于例子贴近于学生生活，而举例又是大家所熟悉的，以熟悉的事物来引出新知识。将来回忆时，学生很容易联想起教师举的例子，从而增加了一种帮助记忆的信息，使知识留在脑海中的印象更加深刻且不易忘记。

（三）总结语言规律法

总结语言规律法就是教师在进行英语教学时，要善于抓住英语语言运用的规律，进行有指导性的教学所采取的一种教学讲授方法。

每种语言都有自身的规律。作为教师，要善于为学生归纳、总结，便于他们学习。在进行听力教学时，根据一般疑问句的特点，笔者告诉学生，当用声调提问时，也就是说，以助动词、系动词、情态动词开头的问句，大多数情况下要用"Yes"或"No"来回答。做听力选择题时，就可以用排除法排除不包含"Yes"或"No"的答案。如果用"Did"提问，那么通常情况下，也要用"did"来进行简略回答。例如，Did you go swimming yesterday？就要回答"Yes, I did."或者"No, I didn't."如果用"Does"来提问，也要用"does"来回答等等。特殊疑问句也有规律可循，比如，"who"指人，"What"指物，"When""What time"指时间，"Where"指地点等等。做听力选择题时，尤其要注意听清特殊疑问词，比如，当听到"How many""How much"时，从备选答案中选择有数字的答案或者"None of them"，再或者"All of them"。比如，B级考试模拟题中有一道听力选择题是这样提问的："How many students went to the game last night？"备选答案中没有数字，那么就要选择"None of them"了，这样选择答案，相对就比较容易。

一个善于总结并揭示规律的教师，会使学生的学习达到事半功倍的效果。通过总结语言规律，学生不仅体会到了其中的乐趣，摆脱了畏难情绪，更重要的是学会了自己寻找其中的规律。

第二节 交际型教学模式

所谓交际型教学模式，即建立在课堂互动交流基础之上的教学模式，它综合运用各种教学元素，如教师、学生、课堂、场景，通过师生交流、互动活动、互换角色以及范围更广的交际来进行教学。西方学者在第二语言习得研究中取得的新成果及新思想指出，语言和文化的内在关联属性决定了语言教学在一定层面上就是文化教学，同时强调语言学习的最高目标是为交际服务，以适应和满足跨文化交际的需要。因此，大学英语教学改革与转型的表现之一便是由传统的英语教学模式转向交际型的英语教学模式。

一、交际型教学模式的理论基础

20世纪以来，英语教学模式一直是以教师为中心，以讲解分析语言知识点作为最普遍的标准教学方法。这一传统教学模式是建立在瑞士语言学家索绪尔的"结构主义语言学"理论基础之上的。在这一理论中，语言被看成是一个完整封闭的符号系统，人们注重分析语言结构，强调语言形式，而语言的意义及其社会交际功能却被完全忽视了。

之后，美国语言学家海姆斯的"交际能力"理论对传统大学英语教学模式带来了极大的冲击。海姆斯提出的语言交际能力具有语法性、可行性、得体性和现实性的特征，这其中除语法性属于语言能力之外，其他三种特征均涉及语用能力，它将语言能力与语用能力结合起来。因此，人们开始逐渐认识到语言学习离不开一定的文化语境，学生不但要习得语言本身，还要习得使用语言的规则，而这种交际中语言使用的规则涉及交际主体国家的交往互动，强调个人自身所取得的经验并非来自外部传授，这就对以往传统的教学模式提出了质疑与挑战。

美国语言学家萨丕尔指出，语言脱离其根植的文化后便无法存在。王丽梅认为："交际的成功不仅需要学生掌握足够的语言知识，也需要学生了解目的语国家的文化背景，还要了解文化方面的可接受性和不可接受性"。文化的可接受性和不可接受性，即涉及不同文化背景的人们因不同的行为规范、思维模式、价值取向及语用迁移而造成交际中的文化接纳和冲突。对此，英语教学的最新理念是把跨文化交际能力作为英语教学的最终目的，以避免文化冲突的发生。

二、交际型教学模式的优势

交际型教学模式是一种多极主体间的认知交往活动。在语言交际活动中，师生之间、学生之间在不同场景中有着频繁而密切的联系。交际型教学模式使教学过程发挥更大的作用，比传统的讲授式教学模式更具有较多的优势，主要表现在以下三个方面：

（一）学生主动学习

交际型教学模式鼓励学生主动参与教学而不是被动接受教学。学生通过参与教学活动，能主动发现自身和教学中的问题并及时反馈，之后与教师交流解决问题。例如，学生通过团队合作、小组发言、角色扮演、课堂讨论和个人陈述等方式多方面参与教学活动，改变了课堂完全由教师控制的单一局面，学生不再只是被动听讲。这样学生在主动学习的过程中能够得到认可、鼓励和赞扬，有了成就感之后，学习兴趣自然会被激发，学习热情和积极性就会被调动起来。

（二）以书本理论转化为学生的交际能力为导向

大学英语教学的目的是为了实际的交流和应用，然而在传统教学模式下，教师总是抽象地强调理论联系实际，为讲清某一理论观点而举几个具体事例作为证明。这与身临其境的角色扮演、来自实际的案例分析以及学生通过彼此讨论交流，从实际中反思总结出的理论升华相差甚远。交际型教学模式注重具体、广泛、深入地理论联系实际，并转化为学生的交际能力，它以培养学生的交际能力和解决实际问题的能力为目标，使大学英语教学具有应用价值。

（三）学习效果更佳

传统教学模式下的教学信息基本是由教师到学生的单向传递，而在交际型教学模式下，这种单向交流变成了语用情景中师生之间和学生之间的多向互动。学生通过分享课堂教学内容及控制教学进程，能够在与实际密切相连且充满趣味性的场景中更加生动、真实、标准地运用语言，既实现了学即所需又体现了自我价值。这必然会从整体上提升大学英语教学的质量和学生的学习效果。

第三节 "输入—输出"教学模式

"输入—输出"教学模式的提出是为了培养适应国际经济发展和对外交流需要的跨世纪英语人才,教学过程更符合英语学习的客观规律和学科特点,完善科学的教学大纲,培养学生学习英语的能力和建构英语思维的技能。

一、"输入—输出"教学模式的理论基础

"输入—输出"教学模式是以克拉申的"输入假设"和斯温的"输出假设",语言同化与建构理论以及语言习得理论为理论基础的。

(一)"输入假设"和"输出假设"

美国著名的应用语言学家克拉申认为,"可理解输入"是第二语言习得的唯一途径,并提出理想语言输入应当符合 i+1 公式。这一公式的含义为:i 为现有水平,1 为略高于 i 的水平。教学的主要任务是提供充足的可理解输入,其中包括学生已经掌握的语言知识 i、新的语言知识 1。而 i 和 i+1 之间的差距是学生学习的动力所在。语言输入材料的难度要稍高于学生现有的水平 i,即 i+1,学生为了懂得新输入的语言材料,会借助于以前的知识经验或利用语境、上下文等方式进行判断。通过努力,学生理解了语言输入中"难以理解的成分",从而使语言习得取得进步。

斯温提出了"可理解输出"假设。他认为,语言学习过程中应强调语言输出的重要性。输出不仅可以提高语言的流利性,而且还具有使学生集中注意力、进行假设验证和自觉反思等调整自己学习策略的功能,从而提高使用语言的准确性。说和听同属一个语篇层次,写和读同属另一个语篇层次,其中说和写是输出形式,其特点可用"生产性"来表述。他认为,说和写的语言产出性运用有助于学生检验语句结构和词语使用,促进语言运用的自动化,有效地达到语言习得的目的。

（二）语言同化与建构理论

1.语言同化理论

所谓"同化"，即接纳、吸收和合并为自身的一部分。同化理论的核心是相互作用观。奥苏伯尔的同化理论强调：新知识的获得主要依赖认知结构中原有的适当观念，新旧观念相互作用的结果导致由潜在意义的观念转化为实际的心理意义，与此同时，原有认知结构也发生变化，这种变化既有质变又有量变。奥苏伯尔强调必须通过新旧知识的相互作用来实现新旧知识意义的同化，进而形成更为高度整合的认知结构。

2.语言建构理论

熊英认为，社会建构主义教育理论的要义就是知识是由个人建构的，而不是从外部注入的。这种建构发生在与他人交往的环境中，是社会互动的结果。社会建构主义对语言教学具有特殊意义。因为对别的学科来说，语言只是一个学习的工具，但对语言学习者来说，语言不仅是工具也是学习的目的。作为学习工具，语言习得本身就是一种社会建构过程，它既有建构的特征，又有社会的属性。但作为学习的目的，学习语言就是建构个人知识，因为知识的基础就是语言，知识的心理与外部表征都是以语言为媒介。所以，语言学习不仅仅是学习语言，更重要的是发现它的社会交往价值。因此，有效地教育实践是建立在学生主动理解的基础上，教师作为中介者，应为学生提供富有个人意义的学习经验和学习机会，由学生自己建构知识，并由此学会学习、学会独立思考和独立解决问题，从而为终身学习打下基础。

（三）语言习得理论

美国语言学家克拉申在20世纪70年代提出的语言习得理论认为，人们掌握一种语言的方式主要有两个：一个是"习得"，另外一个是"学习"。所谓"习得"是指学生通过与外界的交际实践，无意识地吸收到该种语言，并在无意识的情况下正确、流利地使用该语言；"学习"是指有意识地研究且以理智的方式来理解某种语言（一般指第二语言）的过程。克拉申的监控假说认为，通过"习得"掌握某种语言的人，能够轻松流利地使用该语言进行交流，而通过"学习"掌握某种语言的人，只能运用该语言的规则进行语言的监控。

二、"输入—输出"教学模式的教学策略

为了提高课堂教学效率和质量，在英语教学模式改革中，必须根据所确定的教学原则，采取相应的教学策略，优化课堂教学过程。

（一）教师指导学生学会学习，体验"习得"

在培养学生英语思维能力的过程中，教的同时还要对学生进行指导，即教师在教授知识的同时，要指导学生学会学习，体验"习得"，强调给学生的信息输入，引导学生练习语言输出，培养学生英语思维的能力。例如：

（1）教师在课前有效指导预习，保证课堂效率。

（2）教师在讲课时把几个单元的课文当作一个整体，讲解时进行重新组合排列，使学生感受整体的语言情境，并要求学生讨论、对话、叙述、表演，在创造的语言情境中掌握语法。

（3）课后，教师可以要求学生听原声带，复现、体会课堂所学知识。还可以要求学生上网查询相关资料，完成课后的书面写作。

（4）学生可以将文章写在作业本上，也可以写成电子稿通过网络发给教师。教师针对文章进行批改和指导，也可以让学生互相批改，还可以通过软件批改文章。

（二）引导学生课堂上完成知识联网，丰富和完善英语认知网络

由于学生层次不同，教师要有不同的方法帮助他们联网。比如，A层次的学生以自学为主，进行讨论式、质疑式学习；对于B层次的学生，教师要有计划地帮助他们"滚雪球"，逐步积累，要特别注意"温故而知新"。这样的方式给每个学生都创造了参与的机会，学生的讨论、对话、表演要大量运用学过的词汇、句型，促使新旧知识自然相连，达到积累、巩固的目的。

（三）课外学习的管理策略

教师可以推荐一些外文原版名著，让学生自读，并且鼓励学生与外国学生结交"笔友"。此外，还可以加强英语学习与现实生活的联系，经常摘录一些英文杂志的内容给学生阅读，鼓励学生收看英文电视节目，努力使学生的学习与获取日常生活中的各种信息结合起来。

第四节 自主学习模式

一、自主学习的含义

"自主学习"这个概念早在20世纪已经被教育学家提出,但是都没有形成一个统一的概念。许多研究者从不同角度对自主学习进行了研究,并从不同的方面给自主学习进行了界定。

翻阅国外关于英语教学的相关研究文献,我们很容易发现除了很常见的两个关于自主学习的表述——自主学习和学习者自主,还有其他的相关表述,如自导学习、自我指导、自我调节学习、自我定向学习、自我监控学习等。

国外教育学家从20世纪60年代开始倡导自主学习,并将其作为教育改革的主要目标之一。之后,自主学习在语言学习领域中被采纳。1971年,专门研究语言教学的欧洲组织——"欧洲议会的现代语言工程"成立了自主学习中心,它的宗旨就是培养学习者的独立学习能力,即自主学习能力。1981年,亨利·赫莱科特出版了著作《自主性与外语学习》,把这个本属于教育哲学范畴的概念引入了外语教学,该著作成为这一领域研究的发起点。他认为,自主学习就是"能够对自己的学习负责",也就是学习者要能够自主确定学习目标,自主决定学习内容,自主选择学习方法和自主监控学习过程。他认为,自主学习能力主要表现在五个方面:(1)确立学习目标;(2)确定学习内容和进度;(3)选择方法和技巧;(4)监控学习过程;(5)评估学习结果。

研究自主学习的美国心理学家齐莫曼从20世纪80年代中期就开始和一些心理学家专注于自主学习的研究,齐莫曼在前人研究成果的基础上,指出只要学生在元认知、动机和行为三方面都是一个积极的参与者,那么他的学习就是自主学习。元认知是指学习者能够在不同的学习阶段进行自我反思;动机是指学习者由被动的学习变成主动的求知;行为是指学习者能够按照自己的意愿独立自主地选择创造有利于学习的友好环境。他还建立了一套具有一定特点的自主学习研究体系。

其他的一些学者也对自主学习进行了进一步的探讨和研究。利特尔认为，自主学习从本质上说是学习者对学习过程和学习内容的某种心理关系，主要涉及学习的人对学习目标、学习内容、学习方法、学习实践、学习地点和学习进度的确定，并建立一套自己的评估体系。迪金森认为，自主学习就是学习者完全决定自己的学习并对此负全责。

"自主学习"这一概念随后引入我国。20世纪80年代中后期，我国的学者经过总结和分析国外自主学习理论，结合我国的实际情况，对自主学习进行了研究和探讨，主要围绕自主学习在我国当前条件下实施的可行性和实施的意义、自主学习教学模式下教师和学生的角色定位、自主学习能力的培养方法以及自主学习环境的创造等方面展开。我国学者庞维国综合国内外众多学者的定义，认为自主学习就是建立在自我意识发展基础上，建立在学生具有内在动机基础上，建立在学生掌握了一定学习策略上，建立在意志努力上的能学、想学、会学以及坚持学。

综合以上各方观点，我们认为对于自主学习虽然没有一个被普遍认可的定义，但是分析众专家的各方面研究不难发现，大家都达成了一种共识，即自主学习应该是以学习者为中心，学生根据自身不同的需求，在整个学习过程中自我规划、自我管理、自我调节、自我检测、自我反馈和自我评价的自我建构过程。

二、自主学习模型探究

（一）麦考姆斯自主学习模型

麦考姆斯对自主学习做过深入的研究，他是自主学习的现象学派的杰出代表人物，他在所写的论文《自主学习和学业成绩：一种现象学的观点》中，提出了自主学习模型，描述了在自主学习过程中自我系统的结构成分和过程成分的作用。他认为在自我系统的结构成分中，和自我能力相关的三个因素——自我概念、自我、自我价值有非常重要的作用。这三种成分对个体在自主学习环境下的认知、情感、动机和行为会产生重大影响，起到定向和控制的作用。在自我系统的过程成分中，自我评价也会起到重要作用。个体的自我评价影响到个体在自主学习中目标设置、自我监控和对结果的预期。麦考姆斯认为，自主学习过程大致可分为三个阶段：

（1）目标制定。在这个阶段学生必须具备制定目标的能力，而且还要知道怎样的目标对自己很重要以及自己是否具备实现这个目标的能力。

（2）计划和策略选择。在这个阶段个体要根据之前制定的目标选择合适的学习计划，用相应策略完成学习，所以学生应具备筛选行之有效的计划和策略的能力。

（3）行为执行和评价。在这个阶段，学生要按照学习计划监控学习进度，实时地调整进度和计划之间的偏差，所以学生要有很强的自我控制和自我评价能力。

麦考姆斯认为自主学习取决于那些具有动机作用的自我成分和自我监控、自我评价等的发展水平。所以，个体要对自身能力有积极的认识，并对自身的自我过程进行系统训练，这样才能促进其自主学习。

（二）巴特勒和温内自主学习模型

巴特勒和温内在20世纪90年代提出了一个更加详细的自主学习模型，从不同角度对自主学习的内在机制进行了阐述。巴特勒认为，一个完整的自主学习过程应该包括四个阶段，即任务界定阶段、目标设计和计划的阶段、策略执行阶段以及元认知调剂阶段。

在第一个阶段，自主学习的主体要利用各种条件来理解并解释学习任务的特征和要求，明白自己目前的学习任务是什么，以及搞清楚对完成这项任务有利的和不利的条件有哪些；第二个阶段中个体的任务就是根据对学习任务的界定，确定学习目标，制定学习计划，选择学习策略；在确定了学习目标和学习计划以后，个体就要根据它们进行坚决的执行，通过学习策略对学习任务进行执行加工，就生成了最后的学习结果，学习就进入了最后阶段——元认知阶段。巴特勒和温内都认为，学习结果既有情感性的，也有行为性的。元认知通过对学习目标和当前学习情况的了解，进行对比后做出对结果的评估，然后再用评估结果对下一轮学习做出参考。而行为性的结果是借助外部反馈信息重新回到认知系统中。根据内部和外部反馈回来的信息，学生可能会重新选择任务，调整学习目标及其相应的策略，甚至有时会最先选择学习程序，在最后获得与预期目标和要求相应的结果后结束。

（三）齐莫曼自主学习模型

齐莫曼是美国著名的自主学习研究者，他于1978年提出了自主学习模型，又分别在1998年和2000年对此模型做出了进一步的补充说明，使之更加完善。齐莫曼认为，自主学习主要涉及自我、行为、环境三者之间的相互作用，自主学习的个体除了要根据具体的情况对自己学习的过程做出相应的控制和调整，还要根据外部反馈的信息对学习环境进行调节和选择。在自主学习的过程中个体要不断调整自己的认知状态，运用各种策略调整自己的学习，创造有利于学习的环境。他认为自主学习可以分为三个阶段，即计划阶段、行为和意志控制阶段、自我反思阶段。

计划阶段分为任务分析和自我动机两个阶段过程。任务分析过程主要是通过目标制定，确定预期性的具体结果，然后选择合适的策略计划，而对于学习动机，它主要来源于个体对学习的信念，它是内在的动机性力量，对学习过程具有启动作用。行为和意志控制阶段主要包括自我控制和自我观察两个过程。前者帮助个体把注意力主要集中在学习任务上，而后者是对学习行为某些具体方面和进展等进行追踪。自我反思阶段主要涉及自我判断和自我反应。自我判断就是个体对自己的学习结果是否和自己的预期相符合做出判断，同时还要对学习结果的重要性进行判断，而且还要对造成某种结果的原因进行分析；自我反应主要包括两种，一种是自我满意，就是个体对自己的学习结果做出积极的评价，并且会觉得自我满意感比物质奖励更重要，另一种反应就是适应性或防御性反应，适应性反应就是个体在学习失败后调整学习方法，希望在之后的学习中获得成功，防御性反应就是害怕失败而消极对待学习任务的行为。

第五节 情感教学模式

一、情感教学的概念

（一）情感的内涵

情感是人脑的一种机能，是对客观事物抱有不同好恶而产生的内心变化和外部表现。情感是主体对客观事物是否满足自己需求时所持的态度体现。情感的发展，是个性的情感机能和情感品质在有利于个人成长发展和主动适应社会发展方面所产生的积极变化的过程。

由于态度与情感有着密切的联系，所以这里先对态度的定义加以说明。高洪德指出，态度是一个人对待外在事物、活动或自身的思想行为所持的一种向与背、是与非的概括的倾向性。态度可以分为两种对应关系：肯定态度和否定态度、积极态度和消极态度。尽管态度与情感有一定联系，但这并不意味着情感就是态度。

（二）情感教学的内涵

关于情感教学的定义，不同的人有不同的看法。情感教学是指以人为本，尊重人的本性、平等、精神追求等方面的教学。促进教学活动积极化的过程。

情感教学就是教师以教学活动为基础，从而努力做到认知因素和情感因素完美统一的过程，以期达到优化提高教学效果、促进学生全面、和谐发展的目标。虽然对情感教学的定义各不相同，但其本质是一样的，即在充分尊重学生个体的基础上，运用一定的教学手段，来调动学生的情感需求，进而促进学生的全面发展。

二、情感教学的作用

（一）可提高语言学习效果

我们知道，消极的情绪会严重影响学生学习潜力的发挥。如果学生受消极情绪影响太大，教师再好、教材再棒、教法再精彩都无济于事。相反，如果学生有着积极的情绪（如自尊、自信、移情、动机、愉快、惊喜），他们便能创造出有利于学习的心理状态。布朗在结合他人和自己的研究成果中得出结论，即情感因素在第二语言学习中具有决定性的作用，凡是不成功的外语学习者都与各种各样的情感障碍有着千丝万缕的联系。

（二）可促进学生发展

除了提高英语学习效果以外，合理的情感教学还能有效促进学生的长远发展。从这个意义上来说，情感已经不仅仅是语言教学的问题，甚至不是教育本身的问题，而上升至人的发展问题。过去的英语教学过于强调大脑的理性和认知功能，忽视了非理性方面的发展，以至于造成"情感空白"。英语教学也同其他学科一样，应将培养和促进人的全面发展作为最终目标。教师在教学中要不断激发并强化学生的学习兴趣，引导他们逐渐将兴趣转化为稳定的学习动机，帮助他们树立英语学习的信心，正确看待自身的进步和不足，激励他们克服困难、团结合作，共同提高。

第五章 英语语言知识教学理论与实际应用

第一节 词汇教学

一、词汇的重要性

到目前为止，在第二语言习得的研究中，人们对词汇的关注不如对语言的其他方面多，虽然这种状况正在迅速改变，但是仍有许多原因令人相信词汇在第二语言习得中不是很重要。事实上，词汇对学习者来说可能是最重要的语言组成部分。

在所有的偏误类型中，学习者认为词汇偏误最严重。此外，大量的偏误不断证明，词汇偏误是第二语言学习中最常见的偏误。米拉引用了巴斯的研究，研究中表明在一个语料库中词汇偏误大大超过语法偏误，两者之比为3：1。除此之外，本族语者发现词汇偏误比语法偏误更让人感到混乱。加斯赞同这一观点，她注意到语法偏误中人们通常能够理解语法结构，而词汇偏误可能妨碍交际，请看例1。听话人可能注意到例1中有一个偏误，而且可能推断出说话人是非本族语者，但仍会明白他想说什么。

例1. Can you tell me where is the train station？

另一方面，请看雷德曼的偏误：

例2. I feel sorry for people who live in the suburbs.（我为住在郊区的人感到遗憾。）

一个典型的英语本族语者听到这句话，可能会认为说话人对郊区的感受不对，也许是因为郊区呆板、乏味。雷德曼认为，由本族语为西班牙语的人说出来的这句话，也许受西班牙语中形貌相似而意义不同的一个词suburbio的影响，这个词在西班牙语中的意思是"贫民窟、棚户区"。本族语为英语的普通人会错误理解这句话，绝想不到说话人选择了一个错误的词项。

许多语言学理论都将词汇置于中心位置，这也表明了它在语言学习中的重要性。莱维勒认为词汇是句子产出（编码和句子生成）的驱动力，他把这一过程称为表述过程：

"表述过程由词汇引发，这意味着语法和语音编码由词项调节。动词前信息激活词项，一个被激活词项的句法、形态和语音特征反过来又启动了构成话语生成基础的语法、形态和语音编码程序。词汇是概念化与语法、语音编码之间的基本调节器，这一假设将被称为词汇假说。词汇假说特别蕴含的是，说话人话语信息中的任何成分本身都无法启动一个句法形式，比如，被动或与格结构，这个过程必须有起协调作用的词项参与，词项由话语信息启动，根据语法属性和激活顺序使语法编码器生成某一句法结构。"

莱维勒提到的语言产出是指有语言能力的成人本族语者的产出。通常来说，我们有充分的理由相信，在解释大量的第二语言语料方面，词汇如果不是最重要的因素，至少也是重要因素之一，即词汇引发语言产出。

词汇对理解也很重要，特别是口语理解方面，正如阿尔特曼在回顾句子理解时所证明的那样，在帮助听话人确定句法关系方面很清晰地用上了词汇信息。理解对第二语言习得来说无疑具有重要意义，如果不能把词汇与语流分开，词汇信息不能用于解释话语，那么输入就不能被理解。因此，理解输入在很大程度上取决于词汇技巧。词汇对阅读也很重要，但是在世界上绝大多数正字法中，书写系统自身凭借词语之间的空隙，指导读者把各个词语隔开。

总之，我们有充分理由说明词汇对第二语言学习者来说很重要。学习者和本族语者都知道使用正确词语的重要性，而且词汇偏误数量多且容易引起混乱，学习者通常需要娴熟的词汇技巧来产出和理解句子。

二、词汇教学的内容

词汇教学首先应考虑的问题是词汇教学的内容问题。词汇教学中应该展示、练习、测评哪些方面，这是在组织教学之前应考虑的问题。一般来说词汇教学包括五方面的内容：

（一）词义

由于母语与目的语之间的差别，从语义角度上来讲，一些词汇的含义就其内涵、外延而言在两种语言中不尽相同。词汇教学的第一任务就是让学生清楚理解所学单词的含义。一个单词的含义很多情况下是受上下文制约的。教学中应通过各种手段使学生了解语义和情景之间的关系。

（二）用法

词汇的用法包括词汇的搭配、短语、习语、风格、语域。不同的单词所使用的场合不同。就语域而言，词汇有正式、非正式、褒义、贬义、抽象与具体之分。如 children 为中性词，kids 为非正式用词，offspring 为正式用词。

（三）词汇信息

词汇信息包括词类，词的前缀、后缀，词的拼写和发音，等等。这是词的最基本信息，也是学习者应该掌握的最基本的内容。

（四）词法

词法指各类词的不同用法，如名词的可数与否，动词的及物与否，及物动词的扩展模式，应接什么样的宾语，不定式还是动名词，能否接从句，能否接复合宾语，等等。

（五）词汇记忆策略

教学的目的不只是知识的传授，还应是能力的培养，也就是说教学应侧重学习技巧、学习策略的训练。词汇教学中应包括词汇的记忆技巧和学习词汇的策略。

第二节　语法教学

语法是语言的框架，是赋予语言以结构形式，是对语言存在的规律性和不规律性的概括描述，是词形变化规则和用词造句规则的总和。语法教学会高效率地帮助语言学习者清楚地了解目标语言的语法规则和句子结构，规范语言的实际运用，并使之富有逻辑性。我们学习语言时，无时不受语法规则的支配。因此，具备扎实的语法知识，可以更快、更准地进行各项语言实践活动。

一、语法与语法教学

语法教学一直是语言教学中最有争议的问题之一。在 20 世纪 60 年代以前，传统的语法翻译教学法是外语教学的主要方法，语言教学的核心就是语法教学。它注重语言的形式，对语言规则做演绎式的讲解，强调语言结构的训练。但随后出现的听说法使语法在外语教学中的地位受到削弱。20 世纪 70 年代交际法的兴起更是使语法教学在外语教学中的地位几乎丧失殆尽。但随着人们对语言教学理论研究的不断深入，人们对语法教学的作用进行了重新思考。

"派内曼在研究第二语言习得顺序理论中发现，虽然语法习得顺序改变不了，但是语法教学可以加速对某些结构的掌握。如果语法教学与中介语发展阶段恰好吻合，将会极大地推动学习者中介语的发展。斯温通过对浸入式学习项目的研究发现，如果第二语言学习纯粹是以交际的方式，虽然学习者接触了大量的语料，但仍然不能正确使用某些语法形式"。因此，要提高学生使用语法形式的准确率，最有效的方式就是通过语法教学。学生只有掌握了英语语法规则才能用英语准确、地道地表达和交流思想感情。语法教学是贯穿于大学英语教学中必不可少的环节。

（一）传统语法与语言教学

教学大纲为课堂在教学内容、教学程序甚至教学方法上提供教学计划。所以，教学大纲是教学的先导，设计什么样的教学大纲就决定用什么样的教学方法和教学程序。传统语法大纲把目的语分为不同的部分，教学按部分分步进行，直到最后把所有部分都学完，使学生学到目的语的所有语法。这个大纲的问题是，以这种方式教授目的语语法虽然可以让学生学到系统的语法知识，但不能使学生学到这些语法知识的真正含义，也不能学会运用这些语法知识，即学生学会怎样描述一个句子也不能保证他们会在实际的交际中运用这个句子。

传统语法教学主要是语法翻译法，即教学的重点是语法，掌握目的语语法的方法是把外语翻译成母语。语法翻译法在很大程度上依赖语言形式。运用翻译法的优势，通过母语的形式和意义来引入目标语的形式和意义，即用母语来学习外语。但运用翻译法教学的一大缺点是，在教学中学生所接触的通常是单个句子，没有语境和交际的背景。

由于缺乏自然习得目的语的必要环境，从启蒙开始，作为目的语学习拐杖的语法就备受重视。在我国，小学、初中、高中以至大学都有对目的语语法、句型的练习。各类应考练习中，语法练习占据一定的分量。但是，单纯语法教学又被认为是落后的、无效的教学方法。许多教师对传统语法教学产生反感，原因主要表现在两个方面：（1）传统语法教学是对规则的训练；（2）语法能力只是一种表层能力，只是能够提高准确性的一种手段。在许多人的印象中，语法或语法教学似乎只是关注句子的正确性问题，甚至有些人把语法教学看作纯粹的语法规则灌输和机械的句型操练。

（二）结构语法与语言教学

就语法理论而言，传统语法和结构语法都使用了很多年，分别在它们的时代处于主导和独尊的地位。结构语法是英语语法研究中的一场革命，这场革命影响十分广泛。

结构语法是有关语言的本体论学说，它把语言作为一种单纯的对象，进行了深入细致的描写和分析。结构语法所进行的研究是对语言的共时研究。

结构语法学家提出的一系列理论与方法对现代语言学的发展产生了重大影响，这不仅表现在语言理论研究领域，还表现在语言实际应用领域（如外语教学）。结构主义语言学巩固了语言学作为一门独立科学的地位，继而为语言学向领先科学的迈进奠定了基础。

结构语法对语言的研究只限于句子本身，不研究句子与句子之间的联系，不讨论句子在比其更大的语言单位中的地位和功能，也不讨论句子在其具体语言情景中的恰当使用。结构语法仅局限于静态句子平面的切分法。结构语法从形式出发，只强调对于音位和语法的客观描写，基本忽略了对语义的研究。结构语法囿于语言系统内部，旨在揭示语言的内部机制，对语言现象做出解释。结构语法对语言结构的处理基本上都采用形式分析法，以形式结构为基础，研究语言结构的内在规律性，其研究范围局限于句子平面，把语言看成是结构的图表。

（三）生成语法与语言教学

生成语法不是停留在对语言现象和语法结构的观察和描写上，而是更加注重语法理论的解释力。能描写仅仅是知其然，能解释才是知其所以然。乔姆斯基一反传统语言学的思想,强调语言研究的最终目的是要对语言现象进行充分而又合理的解释。从一开始,乔姆斯基就强调生成语法应该以解释为研究目的,进行解释的时候一定要使用有规律的概括。概括必须经过验证,正确无误;论证必须严密,符合逻辑。概括的内容越普遍、越丰富,越好;概括得越深刻、越彻底,越好。

生成语法不是要把一些已经存在的理论或规则让学习者学习,而是让学习者一起参与讨论和研究,探讨已有的理论或规则存在着什么问题,使学习者成为语言研究者。生成语法研究的对象不只是语言事实本身,也不只是对语言事实的描写,而是研究语言的共性。

生成语法旨在描述和解释人大脑中的语言能力本身,因此,它比传统语法理论对语言的描述更细致、更充分、更深刻。在传统语法学家看来,研究语法的目的是教语法,而生成语法的研究和其他自然科学研究一样,目的是提出科学假设,解释过去不能解释的现象、事实、原因。

(四)功能语法与语言教学

语法是语言三要素之一,由语言学家通过对语言实际的观察而总结出来的语言规则,它赋予语言条理性和可理解性,是提高语言水平和表达准确性的基础。但语法教学如果仅仅把语法限制在句子范围之内,仅仅从形式上进行解释,而不考虑语言的功能和意义,不把语法结构与语篇整体联系起来,语言产生的文化语境和情景语境联系起来,语言学习者是不能把所学的语法知识运用到语言交际当中去的。

功能语法把语言看作一个资源,一个系统网络,讲话者在语言交际中从这个系统中进行选择。对语言的选择要和语言产生的环境结合起来,与语言的文化语境和情景语境结合起来,从而产生适合于语境和交际目的的语言。功能语法虽然以小句为基本单位,但是着眼点是对语篇整体的分析,功能语法同时还把语法与不同的意义与语境和文化等因素结合起来。因此,教授功能语法可以最大限度地将语法教学与学习者交际能力的提高结合起来,促使学生把所学的语法知识尽快转化为语言能力。

根据功能语法,语言的意义系统是由语言的词汇语法系统来体现的。所以,语言的词汇语法系统要适合于语言的意义系统。语法系统不是自主系统,所以语法学习必须要与语法所使用的社会语境和情景语境联系起来，即和语言的运用结合起来。功能语法把语法知识与语言运用结合起来，在学习语法的同时提高语言的交际能力，用交际的方法来学习语法，使语言交际能力大大提高，特别是可同时提高语言的流利性和准确性。

从实践的角度来讲，功能语法称其研究的目的是实用，语言学研究的生命在于应用。功能语法从社会符号的角度研究语言是针对其所关心的主要问题，特别是教育问题，具体地讲，是语言的学习和教学问题。正是由于这个原因，许多学者都在力图用功能语法的理论研究教学改革问题，包括研究整体的教学理念改革和具体的教学方法改革，例如，语法教学，利用教授功能语法来进行语法教学。

（五）构式语法与语言教学

认知语言学为当前国内外语言学的主流学派之一，而构式语法又处于该学科的前沿。构式语法是一批国外学者于20世纪八九十年代在反思生成语法理论的过程中逐步形成的，现已成为一门显学，代表着当今国内外语言学研究的前沿课题。构式语法将人们的研究焦点重新拉回到构式上来，主张将形式与意义、结构与功能紧密结合起来，视为一个不可分割的形义配对体，力图从完形心理学和整体主义的角度来解释语言。构式语法是关于语言和语法的理论体系。构式语法处于认知语言学的前沿，构式语法为我们带来一种崭新的思维方式，即构式观。构式语法为我们提出了若干研究语言的新思路和新方法。

从历史上讲，认知语言学是从乔姆斯基生成语法学范式中分离出来的，其主要的倡导者拉考夫和兰盖克越来越不满意于生成语法狭窄的研究范围和其对语言交际的认知和社会层面的忽视，从而提出认知语言学对语法的研究思想，如兰盖克的认知语法和高柏的构式语法。

"从20世纪50年代至今，西方几乎所有的新语言学理论或流派都跟乔姆斯基的语言理论有关：要么完全否定它，要么部分接受它，要么全部肯定它。不过大部分都是在否定或批评它，说它太理想化、脱离自然语言、缺乏经验基础等。构式语法也正是在认知语言学这种批判乔氏语言学理论背景之下产生的"。

构式语法是一门研究说话者知识本质的认知语言学理论。构式语法认为语言的基本单位是形式和意义的规约对应即构式。构式语法把边缘现象作为自己的研究重点，突出表现在对词汇语义和标记句式的深入研究。构式语法认为，语言的词汇和非词汇部分并没有严格的区分，句子的形成是所有构式相互作用的结果。这些构式大部分都是具体的，有些是普通词条，有些是习惯用语，有些是固定搭配。由于语言中存在着无数的语法构式，这些构式具有非常微妙的上下文特征，因此，它们的语用含义是由这些上下文特征所决定的，这些上下文特征应该作为固定的形式运用到语言理解过程中。

构式语法认为，在语法中特殊性的研究就是对普遍规律的研究，个性的研究就是对共性的研究，两者之间没有任何区别，这是因为要研究标记构式，就必须研究语言的特殊性，要研究语言的特殊性，就必须识别语言的普遍特征。构式语法基本上是从外部来解释语言，属于功能主义。构式语法尽力为语法事实提供全面的描述。

构式语法中的construction（构式）与传统语言学中所说的construction不同。传统语言学中所说的construction可以是简单的也可以是复杂的，可以是黏着的也可以是自由的。构式语法的construction是形（音位、书写）和义（语义、语用和语篇功能信息）的结合体。它们以特定的方式组织起来储存于发话者的心智中。"构式"的概念虽然来自传统语法，但是它已被概括为一个统一的模型以表征所有的语法知识（包括句法、形态和词汇）。

构式语法和语言的习得与使用有着密切的关系。由于构式语法研究具体的构式在形式和意义上的配对，而形式和意义的配对也是语言习得领域的一个重要问题，是语言使用过程中的一个重要问题，所以语言习得与使用的研究都可以从构式语法的研究中受益。

由于构式语法是以使用为基础的，因此它十分注意语言表层的构式所具有的功能。构式语法不区分语言与言语、语言功能与语言使用、语义与语用。构式语法只研究某一构式的特殊功能以及该构式的概括程度，即具有多大的适用面，因此，经过扩展的构式语法可以研究语言的方方面面。

构式语法对语言教学有十分重要的启发作用，它提出一系列问题：

1. 构式在第二语言习得中起什么样的作用？
2. 什么样的学习环境才能引起构式学习？

3. 一语的构式对第二语言习得的构式有些什么影响?

4. 学习构式中有怎样的个别差异?

5. 成人和儿童习得复杂构式是否一样?

6. 构式的知识、使用和能力有些什么关系?

所有这些问题都与语言使用相连,是一些以使用为基础的模型,这些模型强调语言是通过参与处理输入的亲身经历而学到的,而语言产出的目标则是为了在社会交往中取得个人希望达到的结果。

二、英语语法教学的内容

英语语法教学的主要内容可分为词法和句法。词法主要包括构词法和词类。构词法讨论词的转化、派生、合成,以及不同的词缀等内容。词类分为静态词和动态词。静态词包括名词、形容词、数词、代词、副词、冠词、连词、介词、感叹词。需要指出的是,静态词并非绝对不变。例如,名词也有数、格、性的变化,形容词有比较级和最高级的变化。动态词包括动词以及时态、语态、助动词、情态动词、不定式、动名词、分词、虚拟语气。

句法主要包括句子成分、句子分类和标点符号三大部分。句子成分主要包括主语、谓语、宾语、定语、状语、表语、同位语、独立成分等。根据不同的标准可对句子有多种划分:按结构可将句子分为简单句、复合句和并列句;按目的可将句子分为陈述句、疑问句、祈使句、感叹句。另外,标点符号的使用也是句法学习必不可少的内容之一。

第六章　英语语言技能教学理论与实务

第一节　听力教学

一、听力教学的内容

要理解听力的内容，学生必须要能够区分连续的声音，识别听到的单词、句子、语篇，识别重音、节奏，预测说话者的谈话内容、谈话目的等，因此，听力教学应该包含如下三方面的内容。

（一）听力知识

听力知识的教学内容涉及语音知识、策略知识、语用知识、文化知识等。听力理解的首要任务就是进行语音解码，并且语音知识不仅是语音教学的内容，而且是听力教学的内容。所以，在英语听力教学过程中，教师有必要教给学生相关的发音、重读、连读、意群和语调知识。

对于听力理解而言，掌握一定的策略知识、语用知识、文化知识同样重要。如果缺乏一定的策略知识，学生就难以根据不同的听力任务选择适当的听力方式。缺乏相关的语用知识，学生将很难真正理解交谈双方的会话含义与意图，进而影响听力理解的质量。缺乏对目的语国家的文化知识的了解，学生在听的过程中就会产生歧义，最终将无法理解听到的内容。

（二）听力技能

学生要完整、准确地理解给定的听力材料，除了需要掌握一定的听力知识之外，还需掌握一定的听力技能与技巧。

1. 基本听力技能

由于学生的个体差异以及教学阶段的不同，听力技能教学的目标也有所不同。听力技能主要包括以下几个方面：

（1）辨音能力。辨音能力是听力理解的最基本能力，包括辨别音位、辨别重弱、辨别意群、辨别语调、辨别音质。

（2）猜测词义能力。猜测词义能力是指利用各种技巧去猜测听力材料中所涉及的生词、难词等的能力。

（3）理解大意能力。理解大意能力通常包括理解听力材料的主题和意图等方面。

（4）理解细节能力。理解细节能力指从听力材料中获取具体信息的能力。

（5）交际信息辨别能力。培养交际信息辨别能力是实施有效交际的关键之一，包括辨别新信息指示语、例证指示语、语轮转换指示语、话题终止指示语。

（6）推理判断能力。推理判断能力是指借助各种技巧、通过推理判断，获取谈话人之间的关系、说话人的态度、意图和言外行为等非言语直接传达的信息的能力。

（7）预测下文能力。预测指对听力材料下文所要出现的内容进行猜测和估计，从而确定事物之间的逻辑关系或发展顺序。

（8）评价能力。所谓评价能力是指学生对所听材料进行评价，然后表达自己的观点、看法的能力。

（9）选择注意的能力。选择注意的能力是指学生根据听力的目的和重点对听力中的信息焦点进行选择的能力。

（10）记笔记能力。所谓记笔记能力是指学生根据听力要求选择适当的笔记记录方式的能力。恰当的记录方式有利于学生获取听力信息。

2. 听力技巧

通常情况下，技巧和技能可以互换使用，技巧和策略也可以互换使用。例如，在听不同的材料过程中，理解大意可能是一种听力技巧，也可能是一种听力技能或听力策略。但在有些情况下技巧、技能和策略会处于不同的层面，因而包含的具体内容也各不相同。技巧是具体的活动操作方式，技能则是完成一定任务的能力,如能轻松地猜测某个单词的词义是一种技能。在猜测词义时,学生可以运用各种技巧,如根据上下文猜测,或者借助说话者的表情、手势等进行猜测,而这两种方法就是实现既定听力目标的技巧。技巧如果使用得当,就达到了策略的层次,有助于学生理解听力内容,否则就只是一项技巧。

(三)听力理解

1. 听力理解内容

听力作为一项接受性技能,曾长期被认为是一种消极被动的过程,而完全忽视了学生这一主体在进行听力过程中的一系列认知活动和情感因素。听力理解是一项复杂的、由一系列认知活动构成的技能。因为听力过程的内隐性,教师无法直接观察到学生脑袋内部在听力过程中进行的一系列认知活动,因此,给教师的教学带来了一定的困难。但是根据肯尼思的研究,他认为第二语言习得者的听力理解过程如下:

(1)辨音

听力过程的第一步是学生要能够区分出外语的不同音素,识别音素构成的单词,再由单个的单词扩展到短语、句子。然后能在语流中辨别语音语调、重读音节。英语和学生的母语存在着一定的差别,学生在初级阶段可能会不适应一种新的语言的语音系统,他们刚开始听到的只是一些没有意义的陌生的在他们母语里面没有的音素,因此,教师要指导学生对比两种语言发音体系的差别,进行一些对比训练。对于我国学生来说,属于印欧语系的英语和属于汉藏语系的汉语有一定的差别,比如,英语是一种以重音时间划分节奏的语言(stress-timed rhythm),而汉语则是以音节来划分,我们倾向于把每个字、每个音发得清楚均衡。因此,英语可以形象地比作一股水流,注重流畅,而汉语如一串珠,字字清晰有力。

教师可先提高学生听单音的能力,然后将语言单位逐步上升到句子或篇章。在听的过程中,学生会对英语的语音、语调和语流产生感性认识。

(2)感知信息

一旦学生完成了第一阶段,即能够辨别语言的外在形式,如重音、语调类型、音调高低,那么需要做的另一件事情就是感知语言形式所承载的意义。这个阶段学生所关注的重心不再是语言的形式,而是表示语言所表达的内容,承载的信息。

（3）听觉记忆

当语言所传达的内容被学生感知后，这些信息会被暂时存储在学生的听觉记忆系统中，为之后进行信息处理做准备。

（4）信息解码

在此阶段学生会对存储在听觉记忆中的信息进行处理，解码说话人的句子，推测他们的目的及意图，清楚了解他们的情感态度。

（5）使用信息

根据自己解码的信息，存储在长时记忆中，使用这些信息与说话者进行交流。检测听力内容是否真正理解要看学生能否利用这些感知到的解码信息顺利地进行沟通交流。

2. 影响听力理解的因素

听力材料特征的研究主要涵盖以下几方面：一是时间变量，如语音速度、停顿、迟疑等现象对学生听力理解的影响；二是音系维度，如重读、语调、节奏、音变等如何对学生的听力理解造成障碍；三是句法形态维度，主要研究如何对听力材料进行句法形态上的更改使之变得更容易理解，如简化、改述、重复使得听力材料更容易被学生理解；四是材料体裁，主要关注不同体裁的听力材料对学生的理解会有什么样的影响，如学生在听新闻和听情景对话时理解难度有什么不同。

说话者特征主要指的是性别因素对听力理解的影响，如束定芳和庄智象对中高级第二语言习得者进行了研究，最后得出研究结论——中级和高级外语学习者对非专家男性的发言理解程度要高于对非专家女性的发言的理解程度。

任务特征主要研究不同目的的听力活动对学生理解程度的影响。学生在进行听力活动时完成的任务类型会对学生的听力理解产生不同的影响。如进行听力活动是为了准确回答后面的练习题还是使学生能够完成真正的任务，如按指令行动。

学习者特征主要指的是在复杂的听力理解过程中，学生作为学习者主体所扮演的重要角色，这方面的研究主要从学习者的语言能力、感知能力、记忆力、注意力、学习策略、情感因素、性别、年龄等方面进行分析。

过程特征指的是学习者在听力活动过程中的一系列心理活动，如学习者采用的是"自上而下"模式、"自下而上"模式，还是"互动"模式。

"自上而下"模式指的是学生在听的过程中合理利用自己的背景知识、生活常识摆脱语言形式的束缚而关注内容和意义。"自下而上"模式指的是学生利用音系学知识、形态学知识、句法学知识等通过感知处理语言形式达到理解意义的目的。"互动"模式指的是结合两种模式各自的优点，克服彼此的缺点，从而达到沟通理解的目的。

在大学英语教学中，除了有设置专门的听力课程外，其实听力活动渗透在英语教学的各个环节。不论是精读、泛读，还是阅读课都会涉及到听力活动。在课堂语言学习环境中，教师作为听力材料的输入源，他们的讲话内容、遣词用句、语音特征等方式都会对学生的听力理解造成一定的影响。

3.听的目的

在第二语言习得中，学生的听力能力最终要达到的目的是在自然真实的外语情景中，可以听懂母语者用正常语速表达的思想，并且做出适当的反应。但是课堂中的听力训练和最终的目标依然是有差距的，这主要体现在说话者并非母语使用者，语言环境并非自然真实的背景下。

二、听力教学的原则

听力能力实质上是理解和吸收口头信息的能力。在语言学习活动中，学生正是通过这种领会能力获得大量的语言材料，并促进说、读、写等其他语言技能的发展。近年来许多教师在听力训练中加大了力度，但收效甚微。下面我们介绍一些听力教学中所应遵循的原则，以期为现今的英语听力教学提供一些借鉴。

（一）循序渐进原则

教师对学生进行听力教学要从最基本的内容着手，如单词、单句，不能一开始就直接跳到复杂的句子甚至是段落、文章的训练上，而是要针对不同的学习阶段制定不同的训练计划。从听力材料的选择上来讲，教师在听力教学之初，应选择那些吐字清晰、连读和弱读现象少，并且语速适中的材料。随着教学的进程，教师可以在各个方面提高听力材料的难度。在具体教学过程中，教师可在听第一遍之前引导学生整体把握课文内容，提出一些具有概括性的问题。听第二遍之前，教师可以围绕教学重点提出一些探索性问题，需要注意的是教师要以课文内容的先后次序为主线进行层层提问。听后，教师可通过急问抢答的方式来训练学生思维的敏捷性和灵活性。

（二）符合交际需要原则

听力教学的最终目的是能使学生听懂地道的英语，并能运用英语进行交际。因此，听力材料应尽量具有真实性，语音、语调需要真切自然，不夸张，符合在自然交际场合中的说话标准。在平时的听力教学中，教师应坚持用正常的语速说英语，并严格要求自己，力求发音准确无误。由于听录音是培养听力的有效方法，因而教师要充分利用各种电教设备，让学生多听地道的英语，并让学生习惯于听不同年龄、性别、身份的人在不同场合的发音。偶尔也可以让学生听一些地道的英文歌曲以此来提高学生的学习兴趣。

（三）训练手段多样化原则

在听力教学中，教师应该根据不同的训练目的，采用不同的训练手段。在课堂上，学生听教师和其他同学讲英语是培养听力能力的重要途径之一。教师可在遵循由慢到快、由简到繁的原则下，坚持用英语组织听力课堂教学、讲解听力材料，并鼓励学生大胆讲英语，以创造良好的课堂学习氛围。此外，教师还可以根据不同的听力教学目标选择不同的听力材料并采用不同的训练模式，例如，教师可以在听材料之前给学生一些问题，让学生在听完材料之后用母语做出回答，鼓励学生自由选听各种材料，然后说出或写出所听的内容。简言之，教师应尽可能地为学生创造听英语的机会和条件，通过听觉接触大量的英语，逐步发展听的能力。

（四）激发求知欲原则

求知欲能够促进学生产生积极、主动、热烈的学习兴趣，从而促进听力教学的顺利开展。因此，在听力教学过程中，教师要以学生为本位，选取内容丰富的英语听力材料，激发学生对学习英语的求知欲。教师可利用现有英语听力教材所提供的课文和对话材料以及考试题型，开展学生的基础听力训练，并适当选择拓展兴趣型的听力材料，如：涉及礼仪社交、饮食营养等方面的材料；涉及英语语言文化背景知识的材料，可以是关于欧美国家社会制度、风土人情、人们的思维方式和价值观念等方面的材料；经典英文歌曲和英语原版经典电影材料，通过纯正的英语及电影中精彩的表演,来激发学生学习英语的兴趣;借助英语节目材料,让学生关注世界新闻,了解英语国家的风俗文化。

难以理解听力内容会让学生产生很大的心理负担,因此在平时的听力练习中,教师不要只是简单地播放录音,也不要忽视与学生进行言语沟通。在单调、沉闷的课堂气氛中,学生会感到紧张和压抑,从而会对英语听力产生厌倦甚至抵触情绪,结果连最简单的词句都听不懂。为此,教师应以饱满的精神、和蔼的态度帮助学生消除紧张、焦虑、厌烦等消极情绪,运用各种教学方法,培养和激发学生听的兴趣。根据教学经验,在听说教学中常采用生动的图画进行单词和句子的指导教学,在课文教学中,运用有情节的故事图片,并配以背景音乐进行听说教学能使学生精神振奋,积极思考,很好地接收和理解教师所发出的信息,快速地投入进听力。

第二节 口语教学

一、口语教学的内容

口语教学是以培养学生的口头交际能力为目标的课堂教学,其教学的内容主要包括语言形式、语言内容、文化知识、交际功能四个方面。

(一)语言形式

语言形式的教学内容包括语音和语调知识及运用、词汇和语法知识及运用。语音和语调知识是指各种语音知识与发声技能,是口语教学的首要内容,包括音节、重读、弱读、连读、意群、停顿等内容。词汇和语法知识主要指口头交际任务完成所需要的词汇和语法知识及表达能力。语言形式教学要求语言形式准确、流利、多样。

(二)语言内容

英语口语教学的语言内容教学涉及百科知识和经验。学生具备了丰富的知识,才能在交际中言之有物、言之有理。无论是第一语言还是第二语言的口语学习,都将涉及学习具体、细致的关于交际的知识和互动的技能。帝莫西认为,怎样开始说话是一个重要的问题，怎样结束谈话也是一个值得研究的问题。话轮转换技巧对会话的成功起着至关重要的作用。话轮转换对于本族语者来说很容易而且很自然就可学会，但对于双语学习者来说是不容易的事情。口语教学还应培养学生在互动中进行意义磋商的技能，如确认检查、澄清请求和理解检查等方面。

（三）文化知识

英汉两种语言分别体现英汉两种不同的文化，要保证交际的得体性，学生需要掌握一定的文化知识，包括普遍适用的文化规则和不同文化之间的交际规则。一般来讲，文化对语言的影响和制约主要表现在两个方面，一是对词语的意义结构的影响，二是对话语的组织结构的影响。因此，在口语教学中，教师需要对这两方面的内容进行重点讲授，在什么样的场合就要使用什么样的语言，相同的语言在不同的环境下使用就可能会有不同的意思，尤其是还有我们常说的忌讳，错误地使用语言就会引来不必要的误会。我们要重视文化对语言的影响，尤其是英美国家和我们国家的传统习俗有很多不一样的地方。例如，你问别人"你吃饭了吗？"，在我国就是一种一般的问候，而在英美国家则是你要邀请他到你家吃饭的意思。口语教学中不仅要掌握语言形式，还要了解其社会习俗。

（四）交际功能

交际活动是各种语言功能的实施过程。因此，交际功能应该作为英语口语教学的一项重要内容。在英语口语教学中，教师要引导学生掌握问候、邀请、建议、致谢、道歉、抱怨、信息咨询、征求意见等各种交际功能。

二、口语教学的原则

（一）听说结合的原则

人们反对像书本一样交谈，因此，不应将任何书面材料都直接用于口语训练之中。教师还应结合教学内容，有意穿插并使用非正式言语，着力寻求与之相关的真实话题，鼓励和要求学生运用学过的知识和体验提出和解决问题，适时开展互动。讲授 Computers 单元之际，可联系学校准备增购电脑一事，让学生结合课文发表看法。学生很容易做出积极反应并就电脑的品牌、性能、价格等方面"出谋划策",还可以将对话课与生活常识衔接,开展口语互动。

学生听说能力得到提高的同时,生活经验也得以充实,可谓一箭双雕。学习课本材料后,教师还可以安排学生开展复述、改编、续编等口语活动。比如,拟定《项链》中的玛蒂尔德还清债后,时隔十年与老朋友再度相逢这一情景,让学生展开想象和讨论。面对这样的话题,学生七嘴八舌,在口语有效锻炼的同时,想象力也得以充分培养。为避免打断学生思维的连贯性,除了明显的语义错误需要及时纠正,教师应尽量让学生说完之后再适度纠错。纠错中应注意礼貌策略,重视学生的参与热情,善于捕捉表达中的闪光点,避免挫伤学生表达的欲望。

(二)培养学生掌握交际策略的原则

口语互动中涉及引出话题、话轮转换、请求澄清、请求重复、获得注意、获得帮助、结束谈话等会话技巧和策略。掌握这些口语策略使交际活动能够顺利进行并取得预期的交际目的。对第二语言学习者来说,这些策略能力的获得是需要经过学习和练习的,也是课堂教学中容易被教师所忽视的,因此,有必要在课堂教学中培养学生这方面的能力。

(三)通过小组活动进行互动的原则

王初明认为,语言使用能力是在互动中发展起来的。离开互动,学不会说话,儿童是这样,成人也如此,互动中潜藏着语言习得的机理。小组活动能为学生提供更多独立说话的机会和时间,克服他们对开口说话的焦虑感。运用双人小组或多人小组活动能够提高学习者的动机,还能提升他们选择的能力,培养他们的独立性、创造性以及现实感。通过小组活动,学生能够获得来自同伴的反馈。组织小组活动要注意下列问题:将任务布置清楚,通过各种形式让学生清楚任务要求;限定完成任务的时间;给出明确指导,告诉学生活动结束后预期的结果。

学生是未来的社会成员,必须具备社会人的主体性,而主体性并不是游离于社会的,它必须将个体融入进群体之中,并自觉地为这个社会贡献自己的力量。

当学生进入班集体时,就已进入了一个小社会,他们必须在集体中发挥个人的能动性,在接受集体的帮助和服务集体的活动中,使自身得到发展与提高,从而适应这个小集体。小组合作学习,首先使学生在小集体中相互适应,通过适应这个小集体,逐步过渡到适应大集体,从而培养了学生的社会适应性。

小组合作学习有利于促进学生的社会性发展和健康个性的养成。社会心理学认为，人的心理是在人的活动中，尤其是在人和人之间相互交往的过程中发展起来的。小组合作学习提供了成员之间合作的机会，增加课堂上学生之间合作、互助的频率和强度，从而有力地促进了学生社会化程度的提高。

第七章 高校英语多元化教学理论与实践

第一节 高校英语文化教学理论与实践

一、高校英语文化教学理论

（一）高校英语文化教学的内容

1. 语言文化

（1）挖掘词和短语的文化内涵

在特定文化背景下，不同的词汇和短语可以激发人们的不同联想。例如，我国人往往将"个人主义"一词作为"以自我为中心""自负"的同义词，但individualism一词在西方文化中却被赋予很高的价值，人们提倡并尊重个性化和特立独行。

（2）了解谚语的深层含义

谚语是一个民族长期以来文化智慧的积累和经验的沉淀。英语中有许多谚语都阐释了生动的真理，反映了西方文化的价值观念和行为准则。学习谚语能帮助我们更加深入地了解西方文化的精髓。

2. 制度文化

（1）西方文化的社会习俗

不同的文化背景下有不同的语言习惯和行为方式，这要求学习者在学习过程中要对目的语文化中人们的行为方式有所了解。例如，在日常交往中英语国家的人喜欢谈论天气、地理位置等话题，而把年龄、工资、婚姻状况等作为禁忌的话题。再如，我国人在接受礼物时习惯推辞几次才接受，当着客人的面打开礼物被认为是不礼貌的；而英语国家的人则习惯当场把礼物拆开并且要赞美几句。对于社会习俗的学习，最好的方法是身临其境地感受该社会待人接物的方式。如果没有这种条件，可以通过观赏英文的影视剧来学习西方的社会习俗，这些对西方人生活、学习、工作、娱乐等方面的直观、多角度地描绘为我们提供了学习资料。

（2）日常交际礼仪

在日常生活中，我国的礼节与西方的礼节有很大差别。如果你想同西方人流畅地交流，了解西方的礼节是非常重要的。以问候语为例，英语的表达很宽泛、不具体，而汉语往往就事论事且明知故问，问话人并不在乎听话人回答的内容如何，也不期待回答，而只是问候而已。

3. 观念文化

第一是自然观。我国传统思维方式的重要标志是朴素的有机整体思维。在此思想观念的指导和影响下，我国人在思想意识、思维模式以及言语观方面都倾向于求整体、求笼统、求综合，更加重视直觉。因而，我国人的语篇结构也是从整体到具体或局部，先纵观全局，后具体到细节。西方的哲学家认为世界上的万物都是对立的，事物都是一分为二的，因此西方人重视逻辑，更习惯于分析。

第二是人性。我国人传统的人性论是人性本善，这源自孔子思想。孔子指出"性相近，习相远"，认为"仁者爱人"。孟子发展了孔子性本善说，注重发扬人的"恻隐之心""羞恶之心""辞让之心"等与生俱来的善行，"人之初，性本善"是我国文化中基本的人性论。而西方基督教的人性论则强调"人之初，性本恶"。

第三是思维方式。从实质上看，思维模式属于最为隐含的文化内涵之一，也是一个民族文化的核心。具体来说，思维模式既能反映民族文化的本质特征，又是构成民族文化的重要内容。在文化内涵的各个构成要素中，思维模式起着关键性的作用，它会决定人们的价值观念、行为准则和精神追求等。可以说，中西方文化差异主要体现在思维模式上，而且该模式也是造成中西方文化差异的一个重要原因。

第四，是人际关系。我国人在与人交往的过程中遵循"群体取向"和"他人取向"的原则。在"群体取向"的影响下，我国人提倡凡事以家庭、社会和国家利益为重，个人利益必须服从国家利益，社会提倡"舍小家保大家"。

(二)高校英语文化教学的目标

文化教学以培养学生的文化意识为主要目的，文化意识又有等级之分。因此，处在不同的教育阶段文化教学目标也有所不同。对于我国国内的学生而言，外语教育的目的不仅仅是工具性的，也不仅仅是为了学会应付生存的交际技能，更不是为了将我国学生变成西方人，而是从总体上提高学生的社会文化能力。胡文仲、高一虹把外语教学的目的分为微观和宏观两个层面。微观层面，外语教学的目的是交际能力。宏观层面，外语教育的目标是社会文化能力，即运用已掌握的知识、技能对社会文化信息进行有效的加工，使人格取向更加整合，潜能发挥更充分。社会文化能力具体又由语言能力、语用能力与扬弃贯通能力组成。

为了具体阐明文化教学与学生人格之间的关系，高一虹在《语言文化差异的认识与超越》中进一步指出，培养学生的跨文化交际能力应该以人的建设为根本，以人格的基本取向为目标。她认为人格的培养应该通过具体的教学或训练内容、材料、活动来进行，而不应该只是空洞枯燥的道德说教。另外，在她看来"是什么"和"成为什么"远比"了解什么"和"做什么"重要，也即"道高于器"。总之，高一虹坚持这种观点，即文化教学重要的是将跨文化能力与人的素质培养这一整体教育目标有机地结合起来。

除了强调文化教学与培养学生人格、价值观的关系外，学者们还指出应培养学生在真实交际中、在理解和运用基础上的创新能力。陈申在《外语教育中的文化教学》中提出，文化教学的目标应该是培养学生的文化创造力。他认为，文化创造力是指外语学习者在跨文化交际的实践把握，运用外国语言文化知识，并与本国文化相互作用而产生的一种创新能力。文化创造力是学生的一种能动性，一种主动从外国文化的源泉中摄取新东西的能力。另外，陈申还从语言与文化关系之间存在动态发展的观点出发，认为从长远的角度看，文化教学除了是语言教学的目标，更是帮助学生获取文化创造力的手段。

纵观我国学者对文化教学目标的界定可以看出，学者们已达成以下共识：外语教学中的文化教学不是除了听、说、读、写、译等技巧以外可有可无的另一种技巧，而是对语言学习有着重要影响的学习内容。同时，学者们以开阔的社会为着眼点把文化教学与学生综合塑造的提高结合起来，认为文化教学的目的绝不仅仅是帮助学生掌握一门外语，更重要的是帮助学生形成正确的世界观和人生观，适应世界的发展。

（三）文化教学现状

1. 国内高校英语专业文化教学中的问题

胡文仲、高一虹指出，外语教育中的文化教学"至今没有明确的教学大纲，教师即使意识到了文化教学的重要性也多半只能见缝插针地进行，文化教学只能锦上添花，而不敢喧宾夺主"，英语文化教学的状况在英语教学中的地位可见一斑。顾嘉祖先生把我国的英语文化教学分为两类：一是语言文化教学分离式，将文化看作一种可以和语言剥离开来的"知识"，在语言教育的课程设置中加入"知识"课程；二是语言教学的"附加式"，随着交际法教学在国内的盛行，越来越多的外语教育工作者意识到文化教学是外语教育中不可分割的部分，培养学生的交际能力极为重要，但在实践中，却将文化看成是"听、说、读、写"四技能之外的"第五技能"，也就是说这种语言文化教学的模式仍然是将文化附着于语言教学上的"附加式"。可见，教师们还是习惯于把重点放在语言形式的教学上，对交际能力的培养和跨文化因素的教学则流于形式。

2. 国外语言与文化教学可以借鉴的经验

英国的外语教学寓于大学教学之中。无论中学或大学外语专业都会通过教授文学或使用文学材料提高学生的文化修养。近年来，由于交际法的普及，外语教材中日常生活题材的篇章大为增加，大学外语专业除了文学课程，还开设了历史、概况、经济等课程。对学生的外语实践略感不足，作为教学的补充，学校安排学生到所学语言国家学习一年或半年，以提高他们实际运用语言的能力，同时了解该国的文化传统、风俗、习惯、社交准则等。

美国在外语教学中对文化因素也给予了更多的重视。跨文化交际学是一门新学科，也是首先在美国建立和发展起来的。因为美国是一个靠移民发展起来的国家，国内各民族、种族的交往都会遇到文化差异产生的问题。另外，美国与世界各异的人们交际往来每时每刻都在发生，不仅是政府官员、富商、高科技人员，普通人观光出国也为数甚多。这些广泛的交际使文化差异问题日益突出。为了研究如何解决由于文化差异造成的种种问题，跨文化交际学在美国应运而生。

由此可以了解到欧美国家在语言教学中都加强了文化教学的内容。我们可以借鉴欧美的做法，结合我们自己的经验，在外语教学中重视文化教学。

（四）高校英语文化教学的原则

1. 阶段性原则

阶段性原则是指文化渗透的内容应该根据学生的语言水平和接受能力，充分考虑到学生的认知能力和年龄特点，遵循由浅入深、由简到繁、由现象到本质这样一条主线，循序渐进地对文化内容进行逐步的扩展和深化。

2. 系统性原则

文化是一个整体，具有不同的结构和层次，因此我们在运用文化进行交流时要充分考虑到文化的各个要素和差异，对文化进行整体性的把握。让学生在进行文化学习时不仅要学习具体的知识点，同时也要对文化学习的内容和层次要在整体上进行把握。

3. 适度性原则

适度性原则主要是指教学内容和教学方法上的适度。文化导入是直接导入还是间接导入需要把握好分寸，分清主次，如属于主流文化的东西应该详细讲解，适时引入一些历史的内容，以便学生可以理解某些文化传统和习俗的来龙去脉。教学方法的适度，就是要处理好教师讲课和学生自学的关系，教师应该成为学生课外文化内容学习的组织者和指导者，鼓励学生进行大量的课外阅读和实践，增加英语教学中文化渗透的原则和方法。

4. 交际性原则

人们用英语进行交际时，无意识地会把自己的母语文化带入到双方的交际中来，这时母语文化与目标语文化就可能出现一定的冲突。而进行跨文化交际是人们学习英语的主要目的，要尽可能地习得对方的文化，减少双方之间的阻碍。为了避免跨文化交际的冲突，保持人们交流的畅通和交谈信息解码的准确性，我们在学习英语时要根据实际需要，注重对英语国家的文化知识的量的积累，恰当、灵活地运用这些知识。

5. 开放性原则

由于文化广泛而复杂的内涵及外延，想要在有限的课堂教学里完整地进行英语文化教学是不现实的。因此，在英语文化教学中要充分利用第二课堂进行文化教学，培养学生的跨文化交际意识和能力，力图提高学生对中西文化差异的敏感性和适应性。而第二课堂活动主要包括组织学生观看英文原版录像、电影，开设"英语角"，鼓励学生大量阅读与英语文化相关的书籍、报纸和杂志，留心积累有关文化背景方面的知识，还可主动与外籍教师接触交谈、举办专题文化讲座等。

6.宽容原则

所谓宽容原则就是要彻底摒弃文化歧视。文化歧视是民族中心论和文化偏见的大杂烩。民族中心论包括对自己群体和文化的优越感，对外国群体或文化的敌意情感和否定态度。凡符合本民族习惯的都是好的，反之则是坏的。民族是多种的，文化是多元的，在经济、科技全球化的形势下，每种文化都毫无例外地面临着完善、发展的问题。如何促进文化的多元发展，促进不同文化间的沟通和理解是人类共同面临的迫切问题。要解决这一问题，最重要的就是要推进不同文化间的宽容和理解。如果自恃先进，高人一等，对其他文化采取歧视、藐视、敌视的态度，就会破坏各民族文化之间的和谐。只有互相尊重、互相学习、共同进步，世界文化才能异彩纷呈，繁荣昌盛。

（五）高校英语文化教学的方法

1.附加法

附加法是指教师可以在英语教学中系统、适当地添加一些文化知识内容，作为英语教材的附加内容。附加法的形式有很多种，如可以在教材中专门设置一处文化专栏，在课外组织参观文化展览或是组织文化表演等。附加的文化知识既可以是单独的文化知识读本，也可以附加在英语教材中。附加法有助于学生能够系统地掌握英语国家的基础文化知识，教师也可以向学生推荐有关英美国家文化背景的书籍，并以书中内容为主题开展问答讨论、知识竞赛等活动。

2.体验法

体验法就是让学生亲自体验文化教育活动，从中获得文化知识，培养积极的文化态度，并逐渐形成文化能力。英语教学中的体验法可以分为直接体验和间接体验两种。直接体验就是让学生直接与外国文化接触，比如学习有关外国文化的课文、与外国人交流、观看外国电影等。直接体验法有助于学生在体验的过程中提高跨文化交际能力，以及获知外国文化的能力间接体验是让学生在不知不觉中接触并逐渐了解外国文化知识。间接体验的教学内容大多隐含在语言教学活动之中，因此对学生语言能力的要求相对较低，较适合小学或是中学的文化教学，而直接体验则更适合高中或是高校英语文化教学。

3. 实践法

实践法就是学生在教学实践中亲身参与文化交往，使他们在实践的过程中获得文化知识。在课堂上，教师也可以通过设置特定的交际文化情景，帮助学生有意识地融入英语的生活环境中。此外，还可以充分利用多媒体计算机技术，或是电视、投影等现代化教学手段播放外语的视听资料，不仅给学生带来更为直观的感受，还可使学生在耳濡目染中习得英语。通过这样的方式习得的英语知识，学生的感受会更为深刻。教师还可向学生推荐一些难度适中的阅读文本，通过阅读来加深他们对英语文化的了解。总之，教师在文化教学中应注重语言环境的创设，使学生在实践中了解和掌握文化知识。

4. 融合法

融合法就是在语言教学的过程中融入文化教学的知识目标、态度目标、能力目标等内容，学生在学习语言知识和技能的同时不自觉地掌握文化知识。具体来说，就是在编写文化题材的课文和语言材料时采取文化会话、文化合作、文化表演、文化交流等方式进行外语课堂教学。这种方法要求在教材和教学方法中系统、恰当地将文化知识融合到课文与教学中去。由于语言知识存在一定的规律性，比如我们要先学习名词的单数形式，才能学习名词的复数变化等。因而，要想全面地体现文化知识、态度、能力、目标并不是一件易事。因此，在教学实践中，可以将融合法与附加法结合起来使用，融合法可以将文化态度的教学目标融入课文中去，附加法则可保证文化教授的完整性。

5. 游戏法

学生运用文化进行交际之所以会失败的一个重要原因就是英汉两种语言中的众多词语对英美人和我国人来讲所产生的词的联想意义和词的文化内涵是不同的。对于这类文化知识，教师可以通过玩游戏等方式使学生在娱乐的同时，不知不觉地接触到语言所承载的文化内涵。例如，在讲解地主、佃农等具有文化含义的词语时，教师可将全班学生分成两组，让其中一组同学列出这些词在英语中的联想意义，另一组列出这些词所对应汉语的联想意义，然后进行对比分析。这样不仅可以调动学生的学习积极性还能有效地让学生吸收和消化所学到的知识。

二、高校英语文化教学实践

（一）角色扮演教学实践

模拟教材内容中的某些场景，让学生以文章中的身份参与到角色表演或模拟表演。这种教学方法可以使学生通过观察和体验剧幕情景，亲身经历文化休克、困惑和尴尬等一系列情景，寻找造成交际障碍和文化冲突的原因，具体场景如下所述：两个美国人正在穿越一些虚构的地方，过了一段时间，他们想返回居住的旅馆，但他们走得太远了，更糟糕的是他们又把钱弄丢了。他们需要钱买票乘车返回他们居住的旅馆，因此决定向当地人求助。扮演当地居民的学生，应该按照真正的当地居民的样子去做，在这些虚构的地方有着某些独特的生活习惯和行为方式。

（二）图片展示文化教学实践

教学任务：学习 A 教材第一单元。

教学目的：使学生了解中西方时间观念差异，并据此理解中西方行为观念的差异；教会学生换位思考；提高学生的跨文化交际意识。

教学形式：小组活动、小组讨论。

教学流程：课前、课堂展示和分析。

1. 课前任务分配

上课前一个星期，教师可将学生分成四人小组，每组学生收集一些与中西时间观念、行为观念相关的文字、图片和视频，然后整理并制作成 PPT 演示文稿，以备上课时使用。

2. 课堂展示

课堂上，教师可从每组选出一名学生（或由组内成员推选一名学生）上前展示自己制作的 PPT 文稿。例如，待学生展示完毕后，教师可引导全班学生就之前的展示内容来讨论中西方的时间观念、行为观念差异以及时间观念差异对行为观念差异的影响，从而使学生能够更科学、更理性地处理文化冲突问题。

3. 分析

该教学实践以培养学生的文化语言输出能力和跨文化交际能力为导向，遵循中西文化双中心原则，从多维度灵活设计文化教学，使文化教学不再死板，同时也极大地突出了学生的主体地位，充分调动了学生的积极性、主动性，锻炼了他们搜集信息、发现差异、分析问题的能力，最终使学生深刻认识到中西方时间、行为观念上的差异，这将有助于他们日常的英语语言学习，有助于切实提高他们的跨文化交际能力。

（三）体验式文化教学实践

1. 感受异国家庭生活

教师可以挑选几名同学表演异国家庭生活的某些情景，其他学生观看并思考这些生活场景与本国同样的生活场景的异同之处，再将其具体表述出来，具体活动流程如下所述：

步骤一：教师安排几名学生就异国（如美国）家庭生活的某些场景进行角色扮演。建议教师安排2—3个有关美国家庭生活的场景表演（每个场景表演大约需要10分钟）。例如，吃晚餐及餐后活动、外出就餐、去朋友家中参加聚会、接待祖父母到家中做客等。此外，教师应鼓励表演者在自然放松的状态下去进行表演，以达到较为理想的活动效果。

步骤二：教师在此活动环节中安排一位或几位"外国客人"参与到场景表演中，并要求观看的同学注意表演中涉及到的生词和词组。

步骤三：表演完毕后，教师要求学生组成小组就以下问题进行讨论：①你在观看表演的过程中听到了哪些生词和词组？（这一问题不仅有助于学生掌握更多的表达方式，更有利于调动学生积极性，促进讨论活动顺利展开）②你从这些生活场景表演中观察到了什么？（探讨这一问题的目的在于帮助学生了解美国家庭生活的某些方面。训练其观察和理解能力）③这些家庭生活场景与我们本国同样的生活场景有何异同？④要求作为观众的学生问参与到表演中的"外国客人"在这一过程中有何感受（这一问题使参与表演的学生有机会去体会成为新文化中的一员或接触陌生环境时的感受）。

步骤四：每一小组选派代表向大家陈述其讨论结果或意见，建议教师在各组代表陈述完毕时引导学生比较各组讨论结果和意见的异同。

步骤五：教师引导学生去考虑怎样做有利于我们尽快融入异国文化或陌生环境？分析这一教学实践在让学生比较异国文化和本国文化中某些生活场景的异同，有助于学生深刻体会并领悟到中西方文化的不同之处，扩展自己的文化知识，从而完善自己的世界文化价值观念。

2. 采访外国人

教师给学生布置就某些特定的问题采访一些外国人的任务，并引导学生比较不同的受访者给出的答案，以及他们对采访和采访问题所表现出来的态度和反应。具体活动流程如下所述：

步骤一：教师课前布置学生就某些共性的问题对外国人进行采访，最好每1~2位学生采访一位外国人，这有助于学生拥有足够的信息资源进行比较；

步骤二：采访结束后，教师在课堂上引导学生就采访结果进行比较和讨论；

步骤三：教师引导学生对采访过程进行讨论：①你是否对采访对象的某些言语或行为感到惊讶，为什么？②假如你是受访者，你会如何回答问卷中的问题？③你如何评价自己在这次采访中的英语交际能力？

步骤四：学生讨论该课堂活动的目的和从中获得的启发。

分析：采访外国人的活动可以使学生了解在不同的文化背景下对某些问题的看法和态度。

第二节 高校英语情感教学理论与实践

一、高校英语情感教学理论

（一）基本概念

1. 情感

《心理学大辞典》中认为："情感是人对客观事物是否满足自己的需要而产生的态度体验。"换句话说，情感就是人的大脑在受到客观事物的刺激以后，凭自己的真实感受和生活习惯等所引起的一系列情绪存在的一种心理状态。凭借对万物的判断经验，情感分为积极与消极两个方面来发挥作用，并且以人是否需要该事物作为判断标准，正如东汉哲学家王充所云："凡人之有喜怒也，有求得与不得。得则喜，不得则怒。喜则施恩而为福，怒则发怒而为祸。"

2. 情感教学

情感教学是指教师运用一定的教学手段，通过激发、调动和满足学生的情感需要，促进教学活动及计划的过程。情感教学的宗旨是以人为核心，提倡对人的本性、人与人之间的平等、关怀及精神方面追求的尊重。因此，老师应该鼓励学生做到自我实现，而不是自我否定。作为一名高校的英语教师，在教学中不能只注重认知因素的重要性，更要使情感因素的积极作用得到充分发挥，以便有助于教学目标的实现与教学效果的提升，这样才能做到真正意义上的认知与情感因素相统一。因此，情感教学的核心就应该是控制学生在教学活动中的情绪，让其处于最佳状态。教学过程其实就是一个知识讲解、传授与师生情感交流相结合的过程，因此在教学过程中，教师保证学生获取知识与技能的同时，更要让学生得到积极的情感体验，这样才有可能让学生对学习充满激情，并形成积极的学习态度，从而保证课堂教学的顺利进行，促进教学效果的进一步提升。

（二）情感教学的作用

1. 有利于促进学生认知的发展

在情感教学情境下，学习不再仅仅局限于课堂上教学内容的学习，学生会在教师的启发下学会有效的学习方法，并且能在其他课程的学习中运用已学会的方法进行学习，这样学生主动学习的欲望与积极性就能得到提高。

2. 有利于促进学生潜能的开发

情感教学的实施改变了传统的教师灌输式方式，学生被动式地接受知识的教与学模式，教师采用变化多端的方式来激发学生的学习主动性，这样学生便可以充分发挥自己的学习主观能动性，不但可以学到知识，更能在学习中开发自己潜在的才能。

3. 有利于促进学生良好品德的养成

在情感教学实施过程中，民主和谐的课堂氛围，不但让学生体验到个体被尊重的积极情感，也使学生懂得了尊重他人的重要性，课堂上的相互协作让学生学会如何团结他人，如何与他人合作与竞争，同时也会让学生产生时间效率观念，培养起学生的积极进取精神。

4. 有利于学生社会化的发展

情感教学的实施彻底改变了教师在课堂上绝对权威的传统教育思想，提供了表现自我、表述自身情感和与人协作的机会，使学生能够得到积极的情感体验机会，这就为学生步入社会后所要求的合作以及组织等社会能力的发展提供了有利的条件。

（三）情感教学的原则

1. 寓教于乐原则

寓教于乐，从其字面意思就可以得知这条原则要求教师在教学的过程中，要尽可能地创设轻松愉快的教学情境，以便让学生带着愉快的心情，对学习产生浓厚的兴趣，在快乐中获取知识，得到积极的情感体验。这是情感教学原则体系中的一条核心原则。这其实正是"乐学"思想体现。

教师在贯彻寓教于乐原则时，首先以调节学生的情绪为出发点，为学生创设轻松愉快的学习氛围，但最终的目标确实让学生在这种愉快的情境当中感受积极情感的体验，引导学生走向学习"乐中学，方可学中乐"的终极目标。

2. 以情施教原则

以情施教，顾名思义，就是在教学过程中，不能一味地传授知识，讲解教材内容，而是要在教学过程注重学生的情感需求用，教师的热情带动学生的学习激情，并使之形成积极的情感态度，最终达到情感促进认知，情知交融的教学目标。这是情感教学原则体系中很有代表性的一条原则。教师在贯彻这一条原则的时候一定要能够调控好自身的情绪，不能将自己的低落情绪传递给学生，要始终以满腔热情为学生创设轻松愉快的氛围，以积极的情感态度影响每一位学生。当然，教师还要学会合理的处理教材中的情感内容，让学生能够体会到教材中的积极情感。

3. 情感交融原则

教学活动的参与者不外乎学生与老师，在这个由老师和学生双方构成的教学活动中，既有师生之间情感的交流，更有认知信息的相互传递。在整个教学过程中，教师与学生交流的时候一定要把学生在情感方面的需求摆在首位，努力用自己的热情来感染学生，达到"以情动学生"的效果，让学生在与老师的情感交融中感受老师的关心与鼓励，创建和谐平等的师生关系，提升最终的教学效果。赞可夫在《和教师的谈话》中也明确地表示，"师生关系决定着教育的最终效果"，简言之，师生之间的相互沟通与交流以及和谐平等的师生关系对教学效果有着举足轻重的作用。

二、高校英语情感教学实践

（一）课堂上采用分层教学

针对不同层次的教学对象设定不同的教学目标，在课堂教学中兼顾不同层次的学生实施分层教学、分层考核，使每个层次的学生均有所收获。课堂中，教师要尽可能多组织学生运用结对活动，小组活动等方式进行合作学习。如表演对话、短剧、小品等。在活动中，同学们既锻炼了口语又学会了如何与人合作，通过共同努力完成既定任务，学生的自尊心和自信心将大大增强，团队合作意识也自然能得到提高。

（二）多元化评价，增强自主学习意识

目标行为导向教学其中一个很重要的理论是教学评价的多元化。注重教学过程的形成性评价和注重教学结果的总结性评价同等重要。除采用上述两种评价外，教学中的多元化评价还指老师的评价、学生自评、学生互评以及家长的评价等。多元化评价能帮助教师更加全面了解课堂教学的成果和学生学习的进展情况，以便分析存在的问题，及时修正、调整教学计划，达到预期的教学目标，同时带给学生们更多的鼓励和信任，增强他们的自信心和自主学习的意识，提高学习能力和策略。

第三节　高校英语自主学习理论与实践

一、高校英语自主学习理论

（一）概念界定

1. 自主学习

自主学习的概念起源于 20 世纪 60 年代，亨利·霍里克（Henri Holec）最早在外语教学领域给自主学习下了定义。霍里克的定义指出自主学习是为学习者自主负责语言学习的一种能力。他从学习者角度提出学习者应该在学习开始时根据自己的情况预先确定学习目标、制订学习计划、决定并选择适合自己的学习方式，对学习过程、学习计划的实施进行监控和监测。同时，他提出这种能力是可以在特定环境中实施的，是学习者潜在的能力。霍里克提出的自主学习引起了广泛的关注，随后很多学者开始对这一领域展开了激烈的讨论。

国内学者对自主性英语学习的研究起步较晚，但是对于自主学习的讨论也非常激烈。学者林崇德概括了自主学习的能力：学习者有能力根据自己的情况愿意决定自己学习的过程，其中包括学习目标、学习方法、学习过程、学习结果的监控与监测。郭继荣等提出自主学习包括学习者的责任能力和学习能力，是学习者愿意做的，也有能力做的。李广凤认为自主学习是一种能力，是学习者能够对自己的学习负责，并能自觉调控自己的学习过程。

综合上述国内外不同学者对于自主学习的概念的不同界定，可以发现自主学习的定义都指出自主学习是学习者在学习中的一种能力，结合我国的英语教学的特点，笔者比较认同霍里克经典的观点，即自主学习体现在学习过程中的一系列自主学习的行为上，是学习者对自己的学习过程负责的一种能力，这个学习过程包括学习者根据自己的情况确定学习目标、制订学习计划、决定并选择适合自己的学习方式，对学习过程、学习计划的实施进行监控与监测。

2. 英语自主学习能力

英语作为一门学科有一定的特殊性，它包含了知识的传授，但更多的是能力的培养和实践的操练。根据国外对自主学习的概念的界定，国内许多学者从不同的角度、不同的理解给英语自主学习能力下了定义。

我国学者束定芳认为，英语自主学习能力应该包括学习者的态度、能力和环境等几个方面。态度指学习者积极学习的态度；能力是指学习者能够独立完成自己的学习任务的能力；环境是学习者要主动寻找学习的机会，创造学习机会，该环境包括老师、教学设施和学习资料。

国内知名学者徐锦芬在参考大量国外相关文献的基础上，结合我国英语教学特点，全面概括了英语自主学习能力。这种能力应该涵盖以下5个方面内容：①了解教师的教学目的与要求；②确立学习目标与制订学习计划；③有效使用学习策略；④监控学习策略的使用；⑤监控与评估英语学习过程。何莲珍也提出学习者角度的自主性学习，是学习者能够独立地确定学习过程和评估过程的体系。

纵观国内外学者对英语自主学习能力所下的定义，其本质含义是一致的，即学习者在英语学习过程中，能愿意并自主地设立自己的学习目标和制订学习计划，选择适当的学习方法和学习策略，监控自己的学习过程，并评价自己的学习过程和结果。因此，笔者比较赞同徐锦芬对于英语自主学习能力所定义的五个维度。

（二）自主学习的相关理论

1. 建构主义学习理论

建构主义学习理论也叫建构主义，是行为主义和认知主义的进一步发展，是认知心理学的一个分支，在现代西方较流行。早期的皮亚杰、布鲁纳、维果茨基等人的认知心理学思想对建构主义思想发展起着重要的作用，他们最早提出通过内因和外因的作用来研究人们认知事物规律。

建构主义认为，知识并不是教师直接传授的，而是学习者主动构建的，这个过程是学习的过程，是学习者建立在已有的知识经验，知识结构并进行主动建构内在心理表征的过程。这个过程不是人脑对事物直接地、简单地反映，不是被动地接受知识的过程。这个过程是一个同化、适应、平衡的过程，是一直循环进行的。

建构主义的基本特征主要是"学习的自主性、情境性和社会性"，强调学习是以学习者为中心，建构主义对学习和教学都提出了很多新的观点。建构主义在教学中提出构成学习环境的四要素即"情景""协作""会话""意义构建"。建构主义认为只有在一定的情境下，才能顺利地激发学习者已有的知识和经验，使学习者能利用自己原有的知识结构构建新知识，这就要求教师要为学习者创设有利于学习者、有意义的学习环境，提供丰富的学习资源，让学生有多种机会自主选择在不同的环境中应用所学的知识，从而让学生能够积极、主动地参与到学习中。"意义建构"是指整个学习过程的最终目标，所要建构的意义在于事物的性质、规律以及事物之间的内在联系。而对于教师的作用，建构主义认为建构知识的过程中教师应该成为学生的帮助者。对学生的学习起组织、指导和帮助的作用。建构主义提倡在教师指导下的、以学习者为中心的学习。

总之，建构主义理论很丰富，但其本质可以用一句话概括：以学习者为中心，强调学习者对知识的主动探索、主动发现并对所学知识和意义进行主动构建，而不是对客观知识进行内化理解。而自主学习提倡在教师指导下，以学习者为中心的学习，即既强调学习者的认知主体作用，教师是意义建构的组织者、帮助者、指导者和促进者，并利用情境、写作、会话等学习环境充分发挥学生的主动性、积极性和创造性。而学生是信息加工的主体，是意义的主动建构者，学生在自主学习过程中处于核心地位，这也体现了建构主义的宗旨，同时建构主义为研究自主学习提供了有力的理论依据。

2.人本主义学习理论

人本主义学习理论的核心是以"人"为中心的教育理论。人本主义强调在学习的过程中人本身的特性，重视人类的情感和价值等对学习者的影响，反对将人的心理低俗化和动物化。

人本主义学习理论的代表人物卡尔·罗杰斯认为，教育面对的是学生，是活生生的人，是具有主观能动的独立个体，具有学习和行为的能力，而不是被动接受知识的东西。罗杰斯在《学习的自由》中概述了人本主义强调"以学习者为中心"，主张主动且有意义的学习，这种有意义学习强调的是学习内容与个人之间的关系，是指学习者所做出的一种自主、自觉地学习，要求学习者能够在一定的范围内自行选择学习材料，自己安排适合自己的学习情境，以个体的积极参与和投入去实现自己的潜能，实现自己更充分的发展。他认为学习是自我主动和自我实现的过程，是人类天性中的巨大潜能，而学习者要学会如何学习。他还强调教育的核心是应该把学生作为"自主"的学习者，教师应该把学生作为学习的主体，让学生自由地学习，关注他们的情感，构建有效的学习环境，创设一定的学习情境，促进学生潜能的发展，帮助学生实现自我价值。

人本主义另一位代表人物马斯洛提出需要层次论。马斯洛按等级排列人的需求，其中最底层为人的基本生理需求，而最高层次的是人的价值观，即人必须要改善人的自我意识，发现并利用潜能，实现自我和自我价值。这种"自我实现"是人本主义最根本的目的。这种愿望能够产生强大的动机，充分利用天资、潜能，实现自我"完满的人性"。人本主义理论提倡以学习者为中心，尊重学习者，重视培养学生的自主学习能力，主张构建创设有意义的教学情景，通过个性化教学来启发学生的创造性思维。这些主张与当前提出的自主学习的目的是一致的且相契合的。自主学习提倡以学生为中心，为学生营造自主成长的空间，帮学生定制并满足个性化的学习需求，注重发挥学生的学习积极性和主动性，培养他们终身学习、自主学习的能力以实现自我的教育。

以上理论都强调了以学习者为中心，强调自主性的重要性，这些理论都是非常有力的理论依据，能够用来指导笔者的研究。

（三）提高学生自主学习能力的教学建议

1. 以学习者为中心，培养学生学习的自主性

建构主义强调学习者对知识的主动探索、主动发现并对所学知识和意义进行主动构建，人本主义者认为，学生是具有主观能动性的个体，而不是接受知识的"容器"。所以，在教学中教师要培养学生的学习自主性，激发他们的主观能动性，

提高他们的英语学习兴趣，使他们成为学习的主体。在教学中，教师要采用多样化的教学模式，组织丰富多彩的教学活动，让不同层次的英语水平的学生都能积极参与其中，如开展小组短剧表演、课文分角色朗读、词汇竞赛等形式。鼓励学生自身参与到课堂活动中，并对学生给予相应的鼓励，让他们树立好学习英语的信心，让学生发现英语学习的乐趣，这样学生才会积极主动地投入到英语学习中来。

2. 帮助学生确立合适的学习目标与计划，突出学习的个性化、自主化

自主学习过程中，学生因为自身英语水平的不同，不应该再受到单一的教学内容、统一的教学进度的对待。相反，学生应该根据自己的英语水平、目标需求、习惯特点、兴趣爱好选择适合自己的学习内容，确定自己的学习进度，确立自己的学习目标，形成自己独特的学习风格。这样就要求教师要以学生为中心，引导学生确立学习目标。目标应该明确、具体，一定要在学生的能力范围之内，但却要具有一定难度和挑战性。如果目标过高，与本人的能力差距太大，学生觉得实现可能性小，便会对学习没了兴趣，没有激励作用，容易产生挫折感。而目标过低则缺乏足够的成就感，其作用也不大，不能起到激发动机的作用，并且不同的学生要有不同的目标。

3. 结合教学进行学习策略的培训和使用

人本主义者罗杰斯认为，教育的目标应该是让学生学会学习，不断适应各种变化与改革，只有这样，学生才能主动地发挥潜能，才能适应社会发展的需求，才能实现自我，真正成为有用的人。学习策略是自主学习中一个关键的因素。国内外研究结果表明，学习策略的有效使用在语言学习和发展过程中起着十分重要的作用，它不仅能使学习者增强学习责任感，而且对提高学习自主能力、独立能力和自我指导能力也起着积极的作用。

在进行英语课堂教学时，教师要以学习者为中心，提高他们的学习能力，培养学生的学习策略，让学生把学习策略运用到课内外语言实践中，这样才能反映出学生对学习策略的应用及掌握情况。

4. 指导学生自我监控与评估学习策略及过程

在教学过程中，罗杰斯反对过去单一的外部评价模式，而是提倡学生的自我评价。在整个学习过程中，学习者的自我评价与监控是指学习者为了完成学习目

标和学习效果，积极有意识地对学习过程进行监测、调控、反馈等。自我监控有助于学习效率的提升，有助于学习者个体的自我发展。教师在评估方面要给予较多的指导。

自我评估最常见的方式是利用他人设计的测试题来进行自我测试，帮助学生了解自己的学习效果，让学生发现学习中的难点和弱点，为下一步调整学习目标、学习策略和学习计划做好准备。所以，在学期初，教师可以对学生的英语进行全面的测试，测试学生的听、说、读、写、译的能力，对比分析每个学生的不足，让学生了解自己的不足，让他们根据自己的情况制定出适合的学习目标，并一个月检查一次完成的情况。

对英语学习的自我监控与评估让学生对学习表现出以学生为中心，让学生成为学习真正的主人，使学习者对学习责任感更强，并能促使学生独立思考、反馈，自我评估和自我监控学习过程和结果，以便及时改善学习策略，调整学习计划和目标，从而提高学生的自主学习能力。

5. 充分利用现代教育技术丰富教学资源，构建自主学习的语言环境

建构主义认为，学习的特征应该具有社会性和情境性。学习者只有在社会性和情境下学习，才能顺利地激发自身已有的经验，使学习者能利用自己原有的认知结构，通过同化和适应，内化新知识，赋予其意义，并完成最终的意义建构。由此可见，构筑自主的学习环境，是实现意义建构的必要前提和基础。随着现代科技带来的便利，教师可以充分利用现代化教育技术，开发和利用互联网资源，丰富英语教学资源，延伸英语课堂，大大提高学生的学习效率。建构主义提出的学习情景性特征，就是让学生要在一定的真实的学习环境来学习知识、实践知识。作为教师，要尽量多提供丰富的学习情境及学习资源，让学生根据自己的需求来选择适合自己的学习内容和方式。尤其在移动终端使用广泛的当代，充分利用碎片化时间来提高学生自主学习的学习效果，如教师可以利用各种英语学习的App、打卡英语学习软件等，促进学生的自主学习。教师也可以利用学校的局域网，向学生提供各种学习资源和学生感兴趣的学习内容，如四、六级考试的相关信息以及英文的资源等。

二、高校英语自主学习的实践

英语自主学习是外语教学与科研创新相结合的产物，理论联系实际是自主学习的指导思想。我们知道，一定的模式总是选择某种或多种操作方式，但某种操作方式并不只服务于某一种模式。自主学习操作的总原则是：联系实际，立足国情的范围有点过大，不确定是不是错误；综合利用，博采众长。语言学习的自主方法有两类：一类在课堂上使用，称为自主学习的课堂操作；另一类在课外使用，称为自主学习的课外操作。

（一）自主学习的课堂操作

课堂要把语言学习和语言使用有效地结合。课堂活动应具有以下特点：一是学生在用英语进行交流时，同时还要思考英语的形式。二是教师重视学生语言理解和学习的过程，缩小教与学的差距。三是鼓励学生用英语讲述自己的思想。我们可以归纳出四条适用的教学原则，即交际原则、活动原则、平衡原则和多样性原则。以下是一部分活动类型的介绍。

1. 对比活动

这是一种将自己的输出与语言范例做比较的活动。在听力、阅读和写作课上都可以用不同的形式与重点进行。对比活动可以先于听力理解活动开始，先听一下学生在说出要表达的某些意思时他们会怎么说，然后再听原文表达，帮助学生认识到自己的表达与目的语的差距，加深对所学语言材料的印象。

2. 评判性活动

培养学生自我表现评估能力。例如，在全班公开评改一篇文章，让学生学会对用词、语法结构及语篇结构的评估方法，并逐步学会并懂得什么是好的写作，以找到并注意自己的差距。这类学生训练由老师指导过渡到由学生为主的自我表现评估，给学生机会去发展对所学语言内容和学习过程的心理联系。

3. 谈论语言的活动

学生讨论语言主题成为此活动的主要内容，让学生以讨论形式完成一些语言上活动和任务。如通过小组讨论的形式完成教科书上的翻译题、问答题、填空题、作文提纲拟定甚至堂上作文等练习。通过讨论，知识得到传播，使学生对自己与同学间的差距有所认识，完成任务的质量也比以个人方式完成得好。在对问题进行讨论的过程中，教师应鼓励、引导学生尽量用英语谈论英语，从而进一步加深对两种语言的认识。

设计这些活动的指导思想是，把语言规则和语言使用结合起来，重视语言理解和语言学习的过程。训练学习者对语言的心理认知意识，有助于发展学生对学习过程和所学语言内容的心理联系。通过讨论、交互活动的方式，学生既注意了语言的形式，又交流了对语言问题的想法。只有当学习者发展了对所学语言内容和学习过程的心理联系，只有在培养了对语言和学习过程的思考和评判时，自主学习才有可能得到发展。

（二）自主学习的课外操作

课外操作的方法是建立自主学习中心。自主学习的学说是鼓励学习者逐渐脱离对教师依赖的学说，强调以学习者为中心，教学重点从侧重语言知识转化为侧重学生的技能和能力训练，培养学生的"交际性自主"能力。但学生自主必须以有足够的指导为前提，自主学习中心应运而生，专门为学生提供课外进一步学习的条件。自主学习中心组成的要素有很多，主要包括资料、设备、环境、管理、辅导、中心人员及学习者的培训和学习者的评估等。总之，要创办自主学习中心，不仅要求教师转变思想观念，调整个人角色，还要广泛征求学生意见，确立学生的中心地位；不仅要做好教师、辅导员与管理人员的培训工作，还要充分考虑学习者的个人因素，搞好入门培训。

第四节　高校英语网络教学理论与实践

一、高校英语网络教学理论

（一）英语网络教学的基础理论

1. 心理学

心理学是研究人类认识世界，获取知识、技能和发展智能的心理规律及其心理机制的一般性原理。心理学在语言研究中的应用主要体现在输入信息处理以及语言认知能力两方面，并逐渐发展成为心理语言学与教学心理学。这两种学科主要研究的是学生习得外语知识以及掌握语言技能的心理过程以及发展规律。心理语言学主要有行为主义和认知心理学两个研究方向。其中行为主义学派认为语言在本质上是刺激与反应的结合体，即语言是人对外界刺激的反应，可以通过观察以及测量得出反应的规律，也可以通过外界的强化、训练，模仿或塑造逐渐形成。行为主义理论在20世纪50年代以前曾是教育界的主流教育理论，但随着人们对认知心理学的认识，行为主义理论便受到很大的质疑和抨击，并逐步被行为主义心理学所取代。到了20世纪90年代，瑞士心理学家皮亚杰在认知心理学的基础上提出建构主义心理学，并成为外语教学与信息技术相结合的主要理论依据。网络外语教学依据心理学、心理语言学和外语教学的有关原则，更加科学有效地培养学生掌握外语知识与技能的能力，发展学生的智力与个性，提高语言交际能力。

2. 教育学

网络教学属于教育学的一个分支，因而教育学的教学理论同样适用于网络教学。教育学研究的对象是教育中存在的普遍教育现象以及教育问题，属于一般意义上的教学原理。网络教学以教育学的基础理论为指导，研究外语教学的教学目标、教学方法、教学模式、教学环境、教学资源、教学评估以及与外语教学相关的学科理论。可见，教育学为网络教学提供了相应的理论支持，网络教学同时也拓展了教育学的研究领域，两者之间的关系十分密切。

3. 方法论

方法论指的是人们认识世界、改变世界的一般方法，即人们在观察事物和处理问题的过程中总结出来的一般规律。方法论是对具体科学方法的概括和总结。科学方法指的是人们获取可靠信息，从而正确地解释现象、理解文本的方法。科学方法是科学精神的集中体现，彰显出科学的实证精神、理性精神和审美精神，充分体现出科学的怀疑和批判意识。科学方法的特征概括如下：①将事实进行准确的归类，总结出内在的相关和秩序；②通过创造性的想象发现科学定律；③自我批判。

4. 绩效理论

绩效是指人们在工作中完成任务的数量、质量以及效益成果等。"绩效"同源于英语的performance，原意为性能、能力、成绩、工作效果等。在西方心理学中，绩效则是指与内在心理过程相对而言的外部行为表现。绩效技术之父——吉尔伯特认为，绩效是一种成就。在教育界，绩效这个概念也越来越引起教学工作者以及科研人员的关注，他们发现将绩效理论应用到教育教学中有助于提高教学工作的效率，尤其是以信息、技术为依托的网络教学。因此，在英语网络教学中应用绩效技术来设计教育、教学方案时，要体现适用性、经济性、可行性等基本原则。

5. 传播学

"传播学是研究人类一切传播行为和传播过程发生、发展的规律以及传播与人和社会的关系的学问，是研究社会信息系统及其运行规律的科学。由于传播是人的一种基本社会功能，所以凡是研究人与人之间的关系的科学，如政治学、经济学、人类学、社会学、心理学、分析学、语言学、语义学等，都与传播学相关。"传播学与教育学相结合产生了教育传播学。教育传播学是指教育者按照一定的教学目标，选择相应的教学内容，通过有效的媒体把知识、技能、思想、观念传达给受教育者的一门学科。教育传播学结合了传播学和教育学的理论和实践，研究的对象主要为信息传播活动的过程及其规律，研究的内容主要包括传播过程中各基本要素的相互联系与制约，信息的产生与获得、加工与传递、效能与反馈、信息与对象的交互作用；各种符号系统的形成及其在传播中的功能；各种传播媒介的功能与地位；传播制度结构与社会各领域、各系统的关系等。传播理论在网络教学中的运用有助于外语教学信息更加有效地传播，给优化外语教学效果提供了理论支持。

6. 哲学

哲学是自然知识、社会知识、思维知识的概括总结。因此，可以说哲学是一切自然科学、社会科学以及思维科学的理论基础。英语网络教学同样需要应用辩证唯物主义中的认识论和方法论，这些理论的应用有助于构建更加有效的网络教学体系。

在英语网络教学中使用哲学的观点有助于其构成要素之间关系的处理，如教师与媒体之间的关系、教师与学生之间的关系、传统教学与现代教学之间的关系、传统教学资源与网络资源之间的关系等。只有处理好这些构成要素之间的辩证关系才能保证网络在英语教学中发挥更有效的教学作用。

7. 美学

"美学"一词来源于希腊文词语 aesthesis，最初的意义是"对感官的感受"，德国哲学家鲍姆加通首次使用，它的产生建立在自古希腊以来历代思想家关于美的理论探讨之上，是以往美学理论的体系化、科学化。而古希腊以来的美学理论探讨又建立在人们审美欣赏和审美创造活动基础之上，是人们审美活动的哲学反思。

美学是从人对现实的审美关系出发，以艺术作为主要对象，研究美、丑、崇高等审美范畴和人的审美意识、美感经验，以及美的创造、发展及其规律的科学。美学在网络教学中得到了充分的体现。从网络资源方面来说，不同于传统教学单一的文本教材，网络学习资料（尤其是音像教材和多媒体教材）往往包含生动形象的图画、形象优美的语言表达、鲜艳的颜色搭配、悦耳动听的音乐旋律等，这些都是艺术美在网络教学中的具体体现；从教学手法来说，网络技术把原本抽象单调的教学内容形象化、艺术化，并通过多媒体课件等方式展示出来，大大增加了教学内容的趣味性和吸引力。可以说，网络教学从内容到形式都强调通过科学美、教学美和艺术美来传递教学信息，但外语教学中的美应突出一个"真"字，即真实而准确地表达教学内容的科学性，揭示语言本质的客观规律。

（二）网络辅助外语教学的特点

1. 教学目标多元化

学习英语的学生之间总是存在这样或那样的差异，或学习风格不同，或学习方法不同等。这就意味着英语教学在面对不同学生的时候必须要有所差异，从而实现多层次的教学目标，而网络辅助外语教学恰好可以实现这一点。网络辅助外语教学可以根据学生的实际，确定教学的起点和目标，学生的学习环境可以做到个别化。学生可以根据个人兴趣、理解能力和学习进度自己选择学习内容。从认知的角度来看，利用网络展示教学信息有助于知识、理解、分析、运用、评价等各种学习目标的实现。

2. 教学管理便利化

从教学管理方面来看，网络辅助外语教学能够使更多的学生受到优秀教师的辅导。在传统英语教学中，优秀教师即使全天教学，他们接触到的学生人数也十分有限，但若将他们的教案、教学视频等上传至网络上，就能够使更多的师生受益。这样既缓解了师资短缺的问题，又充分发挥了优秀教师的潜力和作用。

3. 教学过程交互化

网络辅助英语教学过程具有交互性，包括师生交互、生生交互和人机交互。利用计算机网络开展英语教学有助于为学生创造一个真实的语言环境，如网上聊天、电子邮件等。这样，学生不但可以及时得到反馈，提高学习效率，还能在与其他人进行网络交流的过程中提高自身学习兴趣和学习效果。

4. 教学方式先进化

网络辅助外语教学强调学生的主体地位，认为学生是知识意义的主动建构者，教师只对学生知识意义的建构起组织、调控、评价等作用，而不能取代学生的位置独占课堂。这与现代教育观念是一致的。因此，个性化教学成为英语教学改革的新趋势。而英语网络教学以其丰富的网上资源和网络技术的特征，在教学实施上充分显示其针对性、灵活性、适时性和自主性的个性化教学特征，这是传统教学所不具备的。

（三）网络协作教学活动设计原则

高校英语网络协作教学活动的设计不同于一般的教学活动设计，教学发生的场所从传统的教室变为网络课堂，它有着自己的一套设计原则。

1. 协作性原则

从活动目标的设计来看，高校英语网络协作教学活动设计强调对学生协作意识和协作能力的培养，其中协作意识反映了学习者与他人协作的思想、态度、兴趣、动机和情感，协作能力反映了学习者与他人协作的技能，包括与他人的信息交流情况和与他人共同完成学习任务的情况。从活动方式的设计来看，高校英语网络协作教学活动设计强调以协作为主要的活动组织形式。

2. 指导性原则

高校英语网络协作教学活动强调学生充分发挥其认知主体作用，但是也不能完全忽视教师的指导作用。在活动过程中，教师的参与会直接影响到活动的成功与否。教师的指导性作用，体现在协作活动环境的创造和协作活动过程设计两方面。在提供协作活动环境的设计上，教师要筛选、组织、整合、开发相应的网络学习资源和工具，供学生完成不同的学习任务。在协作活动过程的设计上，教师要选择不同的活动类型，制定完整的活动步骤，确定设计的策略和规则，逐步提高学生的协作学习能力。

3. 针对性原则

根据学习内容的不同，协作活动类型也应不同，活动需要不同策略指导，不同的规则约束，不同的环境支持。所以，每一个活动的设计都具有针对性。

4. 目标明确性原则

网络课程的教学过程中，需要制定明确的教学目标，这是教学取得成功的关键因素。学习者在网络学习中要进行哪些活动，要完成哪些任务，需要明确的目标提示，使得教学活动思路清晰地进行下去，而不至于忙乱。

（四）高校英语网络教学存在的问题

1. 学生自主学习能力不足

自主学习是指以学生作为学习的主体，通过学生独立的分析、思考、探索、解疑等方法实现学习目标。由于学生长期以来接受的都是以"教师为中心"的教学模式，他们习惯了跟着老师的思维走，对自主学习便会不适应。因此，在自主学习时，学生不会围绕网络教学内容安排自己的课外学习，不知道应该何时学、学什么、如何学等，结果导致学习效率低、学习效果差。

2. 校园网络建设质量低

目前，我国一些高校的内部网络建设存在质量低的现象，主要原因是过分追求网络技术方面的先进性。由于现在高校的网络建设成为教育评估的一项重要指标，使得很多高校投入大量的资金和人员去建设校园网站，开发网络课件。同时，一些高校为了吸引学生点击网页，设置了华而不实的网络功能吸引学生的眼球，结果本末倒置，校园网络并没有为学生的学习提供实质的帮助。还有一些学校为了追求网络教学中的高技术含量，发动教师编写了大量的低水平的重复性高的教学软件，结果造成人员以及网络资源浪费。国家鼓励高校建设校园网络，是为了给学生提供更多的学习资源，方便学生学习工作的开展，提高学生的知识水平以及学术能力。因此，高校的网络建设应以教育教学活动为中心，而不是网络技术的应用。

3.英语网络教学手段落后

我国的英语教学研究和网络教学实践起步较晚。目前，我国在网络教学软件开发、语料库建设以及教育教学设计方面的人才较为欠缺，尤其是在英语网络教学领域，既懂得英语教学又懂得网络软件设计的人员数量很少，这些导致了高校网络教学系统缺乏适合英语教学的软件，现有的英语教学软件质量差、不适用等现象的出现。

（五）高校英语网络教学问题对策

1.网络教学与传统教学相结合

网络教学是信息与技术发展的必然产物。它为英语教学创造了更为有利的语言环境，在很大程度上弥补了传统教学的不足之处，但是仅依靠网络教学而完全舍弃传统教学的做法也是不可取的。传统教学有着网络教学无法比拟的优势，两者应互相结合、取长补短，这样才能实现最佳的教学效果。

与传统教学相比，网络教学缺乏教师与学生之间面对面的交流，忽略了学生在学习过程中的情感问题，学生也无法得到来自教师的人文关怀。在传统教学中，教师可以通过口头的表扬或是鼓励的微笑帮助学生树立学习的自信心，激发学生的学习积极性。同时，教师还可以及时地处理学生在学习过程中出现的情感问题。由此可见，只有将网络教学与传统教学有机地结合起来，才能达到最佳的教学效果。

2.重视教师培训

网络教学顺利开展的前提是教师必须掌握网络教学中的相关操作技术，可以利用网络技术功能进行去科学合理的教学设计。但现实情况是许多教师对英语网络教学模式一知半解，不能较好地利用网络手段顺利地开展教学活动。因此，对教师进行网络教学相关内容的培训十分必要。培训的内容可以涉及网络教学课件的制作、网络教学软件的使用、网络教学管理和评价等，只有重视对教师的培训，增强教师使用网络教学的能力，各种网络教学才能发挥应有的作用。

3.改变教师的教学态度

许多高校英语教师已经习惯了传统的教学模式。经过多年的教学经历，总结出了一套较为完善的教学方法。因此，这些教师面对较为陌生的网络教学普遍存在排斥心理，不愿意尝试网络教学这一新兴模式。还有部分教师习惯了在教学过程中起主导作用，认为网络教学这一以学生自主学习为主的教学模式会削弱他们的职责性。可见，网络教育要想在英语教学中得到更广泛的应用，必须改变英语教师对网络教学的态度。通过培训可以帮助教师认识到网络教育的优势以及教师掌握网络教学对于自身教学能力提高的益处。当然，不可否认的是网络教学给教师提出了更高的要求，面对新的要求和挑战，英语教师更应该转变思想、更新观念，积极投入到网络教学的构建中去，并帮助学生尽快接受新教学模式，培养自主学习的能力。

4. 加强对学生自主学习的监控

目前，高校的英语网络教学普遍存在一个问题，那就是对于学生自主学习的监督和控制作用比较薄弱。学生运用网络系统学习时，完全自主选择想要学习的内容，自主安排学习的计划，这样一来，无疑对学生的自控能力要求很高，然而很多学生在缺乏外界监控的学习环境中很难保证学习的效率和质量。因此，加强对学生自主学习的管控很有必要。

5. 加强对学生学习策略的指导

对于大多数学生来说，由于长期接受传统教学模式的教育，对教师的依赖性很强，自主学习能力较差，因此为了让学生在自主学习中知道学什么、怎么学，培养学生合理制定学习方案就显得尤为重要。教师可以在课堂教学中采用展示、示范、训练、评估和扩展的方法传授学习方法，还可以指导学生定期对自己的学习进行评价和总结，并及时地调整学习方法，从而帮助学生掌握适合自己的学习方案。这对于其更好地管理自我学习有很大的帮助。

（六）高校英语网络教学的优势

1. 提供大量的学习资源

网络可以提供大量的学习资源和学习信息，并且这些资源会得到及时的更新，更具有实用价值。对于英语教学来说，网络所提供的学习资源的优势则更加明显。英语教学十分注重学生所学语言的真实、地道以及实用。传统教学所提供的学习资源大多是文学著作，使用的大多是文学用语，那么学生学到的日常交际语言就相对较少。网络所提供的英语材料既有文学语言，又有日常生活用语，这些语言的生动性和数量之大都是教科书无法比拟的。

2. 提供新的师生交流平台

网络教学为师生提供了新的课下交流平台。学生可以通过论坛给教师或同学留言，可以通过发帖的形式提出问题或回答他人的问题。教师也可以通过平台的通知板块为学生提供相关的学习建议，提出学习目标或是发布近期作业。教师和学生还可以通过电子邮件等网络手段进行课下的交流和讨论。可以说，网络方便了教师和学生之间的沟通，也促进了师生之间的交流。

3. 提供大量真实生动的语言

外语教学界认为，学生必须学习真实、地道的外语，然而这对我国学生而言十分困难。众所周知，我国缺乏英语使用的大环境，学生大多通过英语课堂接触英语。以语法翻译法为主时，学生主要通过文学著作来学习语言，虽然提高了外国文学修养，从经典著作中学到了外语，但却对日常交际用语十分陌生。听说教学法时期提倡学习根据语言结构编写的教材或改写过的简易读物。这一做法又被交际法的倡导者们指责为不地道的"教材语言"。而互联网的优势就在于，它不仅能够提供大量英语文学作品的原文，其中还包括大量的英语日常用语，其语言之生动、真实与数量之大是任何教材都无法比拟的。

4. 有利于培养学生的听说能力

网络教学具有开放性和灵活性的特点，学生不需要太多的语言学习材料，只要有一台电脑，便可以随时随地地利用教学资源进行学习。网络资料集音频、视频、图片、文本等媒体于一体，给学生提供了传统教学无法提供的视听享受，丰富的语言学习材料、生动有趣的动感信息增添了学习的趣味性。除此之外，英语网络教学还给学生提供了一个线上互相交流的平台。通过网络学生可以和其他英语爱好者一起交流学习。这就是英语网络教学所具有的视听优势。

网络教学的使用提高了英语教学的广度和深度。传统教学模式较为单一，教师与学生之间的互动交流很少。使用网络教学能够实现交互式的教学环境，如师生对话、学生交流、人机对话、情景模拟练习等，在很大程度上提高了学生学习的效率和学习效果。目前，由于我国缺乏良好的语言教学环境，学生仅能通过课堂来获取知识，这就使得学生的学习受到两方面的制约：一是课堂时间有限，教师可能为了完成规定的教学任务，没有过多时间用来交流或练习；二是语言输入有限，学生在课堂上获取的语言输入主要来自课本和教师的传授，那么课本的质量以及教师的语言水平在很大程度上制约了学生语言交流能力的发展。语言的学习主要通过交际，课堂下的交际活动也往往会受到很多因素的制约。

综上所述，网络教学所提供的视听资源以及网络交流平台更有利于学生听说能力的养成。

二、高校英语网络教学实践

（一）网络英语阅读教学实践

1. 教学任务

以"Alienation and the Internet"为例，展示网络阅读课程一个单元的设计。教学目的：①了解互联网的发展历史以及互联网给人们的生活和工作带来的影响。②了解该单元的关键词和词组的用法，包括名词转化为动词现象，并学会使用这些词和词组。③学习阅读理解策略。教学形式：个人、小组。

2. 教学流程

（1）课前教学准备

在该阶段，教师将与文章有关的背景材料提供给学生，其中包括互联网的发展历史、互联网相关术语、互联网对人类生活和工作所产生的巨大影响等方面的背景资料。先前知识的激活对学生信息负载的减轻十分有利。

（2）阅读交互设计

在网络学习过程中，人与人之间面对面交流机会很少，因此使两个学生结为学习伙伴，可在一定程度上解决独自学习过程中产生的厌倦和孤独情绪。具体而言，教师可以把学习水平相近或者是高水平和低水平的学生分为一组，他们共用一台电脑；也可以把高水平和低水平的学生分为一个学习小组，这样高水平的学生可以有效地帮助低水平的学生。而对低水平的学生来说，高水平学生对自己也能够起到激励学习的作用。或者将水平相近的学生划分为一个学习小组，学生不会因感觉和水平有差异的学生学习而浪费时间，而且可以互相取长补短，从而提高学习效率。值得提及的一点是，在交互阶段，教师应确保给学生提供同样的活动。在交互阶段，学生分组讨论互联网对自己的学习和生活的影响，讨论结束后，互相分享讨论结果。

（3）讲解并调整阅读策略

本课程的阅读策略培训是通过多媒体动画教学来实现的。多媒体动画老师以有声思维的形式讲解阅读策略以及讲解如何在上下文语境中猜词。在网络课程的教学过程中，教师应根据学生自身学习情况提供不同的学习策略，主要包括自主学习策略和协作学习策略、教与学指导策略（主要针对教师和承担辅导任务的学生）等。为了便于学生在阅读过程进行自我监控，教师可设计阅读策略自检表。

在教学平台上，教师可以创建如下功能模块：助学模块、辅助模块、评估模块、学生信息模块、在线导师模块、论坛互助模块和作业上交模块。

（二）网络英语口语教学实践

1. 教学任务：学习上海外语教育出版社出版的口语教材中的"面试、找工作"的内容。

2. 教学目的：①使学生熟悉掌握话题中所用的词语及表达。②加深学生对西方国家面试规范与文化的理解。③帮助学生熟悉与找工作相关的对话，并使学生学习自己创作对话。④学生为一场英语面试做好准备，包括穿着、说话的语调、问候等方面的准备。

3. 教学流程

（1）课前预习

教师在课前可给学生布置预习任务，让学生利用口语资源网对"找工作"单元的相关主题、重点词汇和句型等进行提前预习，同时通过视频案例进行观摩，使学生更直观地认识这一主题，激发其学习的兴趣。

（2）课上讲解

教师利用视频和视频会议系统在网上展开口语课的教学活动。首先，教师先对本单元的重点词汇、句型进行讲授。然后，以听力活动开始进入单元主题的学习，组织学生进行学习活动和课堂操练。在词汇讲解过程中，教师应注重解释其语用规律，选用适当的英文或中文解释词汇，同时提供例句。此外，教师可利用大量案例讲解来激发学生兴趣，以便学生更好地理解词汇和句型的应用方法和环境。

（3）网上操练

第一，对重点词句的巩固。在课后，学生需要完成课程网站上提供的至少10道相关配套听力练习，20道词汇练习。系统会给出学生结果判断，并将结果记录到后台中，作为以后学生成绩评定参考。

第二，角色扮演。在角色扮演中，第一步是熟悉课件中的对话。选择一个角色，在系统提示下，默想或者说出电脑中角色提问的回答，系统会在一定时间内将答案自动显示出来，学生也可以点击display（显示）键，对答案的显示进行自主控制。这一步完成之后，就正式开始角色扮演，学生重新选定一个角色后，按照提示对着话筒说出答案，语音识别系统会给出相应判断，如果正确，学生可以继续往下进行；如果不正确，学生需要重新回答或者寻求系统帮助，系统会在短时间内显示答案。此外，教师还可以引导学生进行跟读、复读、原声对比等操练。

（4）小组学习活动

小组活动可以采取多种形式进行，如典型示范、角色扮演以及讨论等。在典型示范中，老师可以请两个学生分别作为面试官和面试人员模拟课程中给出的场景进行对话，并在此过程中强调发音的注意事项、词语的使用等。接着，将学生分为2—3人的小组，让小组成员进行角色扮演，然后互相交换角色，互相纠正错误。教师通过网络平台的视频系统监控各小组活动的展开情况，也可以在学生小组学习活动过程中，提出面试中可能会遇到的较难回答的问题，适当引导学生的小组讨论。

（5）课后总结

教学结束之前，教师需要对每个学生给出一份练习情况总结及评价，同时将学生的一些优秀作品上传到学习论坛上，鼓励学生对他人的作品进行评价。此外，教师还应总结归纳单元学习效果，就学习过程中发生的值得回忆的事与学生进行讨论、分享。

4.分析

在该教学实践中，网络英语口语学习环境提供了真实的语言环境和丰富的语言材料，通过利用网络的便捷功能来展开口语教学活动，无论是对学生的学习还是教师的教学而言都大有帮助。具体而言，网络提供的本单元中的相关词汇、音频对话、网络资源和求职面试的视频片段以及一些诸如在线词典等辅助英语学习的工具，可供学生在该节口语课前进行预习、课后进行复习、练习和补充学习之用。此外，"学习指导"这一栏目可帮助学生解决可能遇到的问题，从而培养其学习策略。教师可利用相关视频软件展开网络教学互动，进行文字聊天或视频语音交流等。总之，在网络环境下开展英语口语教学，对学生英语口语水平的提高极为有利。

第八章 高校英语教学理论与实践的创新探索

第一节 个性化教学与实践

一、个性化教学

传统教学对学生一刀切，忽视学生的个体差异，难以调动学习者的积极性，教学效果也大打折扣。在当今社会竞争日益激烈的情况下，个性化教学的开展显得尤其重要。本节就来讨论与个性化教学相关的问题。

（一）个性化教学概述

关于个性化教学的定义可谓"仁者见仁，智者见智"。我们先来看一些比较有代表性的观点。詹金斯在《个性化教学策略》一文中使用"个性化教学"等词汇来描述个性化教学，并将其含义概括为以下两点：一是特别强调每一个学习者的需要、天赋、学习风格、兴趣和学术背景；二是要求学习者不断地进步。教育家阿兰对"个别化教学"和"因材施教"两个术语的含义进行细分，在阿兰看来，"个别化教学"往往与非正规的课堂教学联系在一起，强调的是学习者可以按照自己的节奏来制定自己的学习日程，安排自己的学习进度，而"因材施教"更侧重于师生之间、学习者与学习者之间、学习者与学习资源之间的互动。《韦氏词典》将"个性化"的含义总结为以下三点：①保持个性，养成一个有特点的人。②使个体进入自我管理的状态。③调整或顺应个体的需要或特定环境。

尽管上述观点所使用的术语各不相同，但他们都不同程度地体现出个性化教学的一些内在特点。综合上述观点，笔者认为所谓个性化教学就是以了解和尊重学习者的个体差异为前提，以最大限度地发展每个学习者的能力为目标，以充分调动学习者的学习自主性为方式，以灵活多样的教学形式为依托的教学模式。

（二）个性化教学的原则

教学的组织原则是教学活动的基本准绳，决定着教学活动的质量与效果。个性化教学要想实现理想的教学效果，必须遵循一定的组织原则。具体来说，我们可以从以下几个方面来把握其原则：

1. 形式的个性化

只有将学生内在的动力激发出来，学生的潜能才能得到充分发挥，并逐渐养成自主学习的行为、习惯、态度和精神，学习才可能达到预期的目标。因此，采取什么样的教学形式就成为至关重要的问题。对学生而言，学习活动是发生性的。这就意味着教学必须是个性化的，要受到学生的经验、意向、兴趣、水平、需要等因素的影响。教师应对学生情况进行汇总和分析，并在此基础上采取小班化教学、个别辅导、小队教学、同伴辅导、探究性学习、合作学习、自主学习等多种形式来弥补传统教学的不足。此外，教师还应在实践过程中不断总结经验、不断创新。

2. 手段的个性化

现代科技的发展尤其是现代信息技术的发展为教学提供了更多可供选择的方面，为个性化教学提供了强大的物质基础。具体来说，这些技术上的进步不仅提供了许多硬件设备，如录音机、投影仪、电视、电脑等，还提供了许多储存容量大、功能强大、界面友好的软件与应用系统，如网络、音频视频播放软件、多媒体课件制作软件等，为个性化教学的有效实施创造了更加便利的条件。因此，教师应充分利用校园文化资源、乡土和社区资源、广播电视手段、计算机技术手段、网络技术手段等，将个性化教学更好地向前推进。

3. 目的的个性化

目的的个性化就是通过教学，我们要培养的是个性化的人才，而不是规格化、标准化的人才，不是众人一面，而是人人生动活泼，具有丰富多彩的表达方式，具有冒险和创新精神。

教师们认真对待每个学生的特点、兴趣和学习目标，并尽最大可能地帮助他们感受到自己的潜能。此外，教师应根据教学内容、教学对象的不同创造性地设计各种适宜的、能够促进学生充分发展的教学方法与策略，使学生能以向他人（包括自己）展现他们所学的、所理解的内容的方式去了解和掌握教学材料。随着时间的推进，学生会积极主动地寻求与自身智力相匹配的教学机会，逐渐从传统智力的藩篱中脱离出来，最大限度地发挥自身潜能。这样，教学的个性化色彩才会越来越浓，学生与学生之间的差异也越来越明显，大大增加了学生学习成功的可能性。

4. 理念的个性化

理念就是理想的观念，换句话说，就是我们追求的观念。教育理念的个性化意味着我们所追求的不是标准化的教育，而是内涵丰富、多姿多彩的教育教学，是独特的教学。

艾默生曾说："教育应该像人一样广泛。人的无论什么都应该得到充分培养和表现。如果他是灵巧的，他的教育就应该使这种灵巧表现出来；如果他能用他的思想利剑对人们加以甄别，教育就应该把他的思想利剑亮出来并使它锐利起来，这些人社会都需要。"可见，每个学习者与生俱来就各不相同，教师不能忽视学习者之间的智力差异，也不能假设每个学生都拥有（或应该拥有）相同的智力潜能，而是应该努力确保每个学生所接受的教育能最大限度地发挥其智力潜能。个性化教学以了解每一名学习者智力特点为前提，强调在可能的范围内发展不同的教学方式，使具有不同智力的学习者都能受到同样好的教育。教师不应使用刻板的印象或命中注定的方式去看待学生，而应在了解每个学习者的背景、学习强项、兴趣爱好的基础上，确定采用学生自身最新的学习框架去做最有利于学习者学习的教育决定，从而确立最有利于学习者学习的教育方式。

5. 内容的个性化

内容的个性化可以从理论与操作两个层面来分析。从理论层面来看，教学内容的个性化包括两个方面的内容：

（1）个体的多样性与课程的选择性

不同的学生倾向于不同类型的学习活动，如创造性学习、理念性学习、经验性学习或理解一个主题、构思一个故事、描述一个人物的特征等。个性化教学就是要使人尽其才，使每个学生的潜能与优势都得到最大限度的发挥。因此，建立课程的选修制度，适应学生主体的多样性是促进学生个性自由发展的必由之路。从操作层面来看，应优化教学资源，结合学生情况开展选修课程。此外，还应进行课程的分化统整，做到在分化中统整，在统整中分化，使课程的设置与安排尽量与学生的个性化差异相符合。

（2）自我的完整性与课程的综合性

个性化教学以培养学生的自由人格为目的。冯契先生认为，自由人格就是有自由德性的人格，在实践和认识的反复过程中，理想化为信念，成为德性，就是精神成了具有自由的人格。这种自由人格是在基于实践的认识世界和认识自己的交互作用过程中实现的。因此，课程的综合性就显得十分必要。课程必须具备一定的综合性，这是培养学生自由人格的前提和基础。

（三）个性化教学的实施

在个性化教学的具体实施中，教师决定着教学理念的选择、教学目标的制定、教学活动的安排以及教学效果的质量，教师是最重要、最核心的环节。在开展个性化教学的过程中，教师应从以下几个方面来努力：

1. 创造宽松的教学氛围

实践表明，在高度焦虑的状况下，学生处于一种被压迫状态，学习效果并不理想，更谈不上培养学生的创造性。人的创造性和学习效果都只有在一种较为自由的状态中才能够发生。在这样的环境中，学生没有任何顾虑和压力，心理安全、自由，不必担心自己没有按照教师的要求去做而受到指责批评。可见，宽松自由的教学氛围，是促进学生个性发展的前提条件。教师应尊重学生的个性、禀赋选择，建立平等的师生伦理关系，使学生有展示个性和发挥潜能的舞台，这样学生才能找到学习的乐趣和奋斗的动力。

2. 提升个人综合素质

个性化的教师，是指那些对教育教学理念有独特见解并采取与之相适应的教育教学行为方式的教师，这种教师是教师个人气质、性格等人格特征在教学活动中的反映和体现，主要包括教师的个性化教学观、知识结构、能力结构、教学艺术和管理艺术等。个性化的教师既有自己的独到见解，又能遵循教学的基本原则，是个性化教学有效实施不可或缺的重要条件。因此，每位教师都要努力提升个人素质，加强自己的理论修养，积极探索，努力创新，争做优秀的个性化教师。

3. 采取个性化的教学策略

每个学生在学习能力、学习经验、兴趣爱好和心理特征等方面都有自己的特点，这就使得学生在学习的每个环节上也会表现出个体差异。因此，在教学过程中，教师应针对性地制定适合不同学生的教学计划，并采取灵活多样的教学策略。下面这些策略可以有效帮助教师解决在个性化教学过程中遇到的问题。

（1）自主学习教学策略

自主学习教学策略充分尊重学生的自主性，教学活动以学生为中心，使学生在积极主动的意义建构中形成自己完整的人格。自主学习是个性化教学的基本精神，应体现在所有个性化教学的实践中。以教学单元为方式的自主学习教学策略运用较为广泛。其具体操作步骤如下：

第一，建立行为目标。行为目标就是可以操作的目标。行为目标包括各阶段为不同特点的学生设计的学习目标，通常由专家、教师和家长根据现行的各种教材、教科书、补充读物制定。

第二，设计教学单元。教学单元的根本目的是使每一个学生都有适合自身特点的学习计划。教学单元包括教材、学习路径、媒体利用等项目，在教材的结构、进度、广度、深度、媒体、环境等方面都不尽相同。

第三，设计学习评价系统。学习评价系统以标准参照测验为基本形式。经过一段时间的学习后，学生可以自行决定是否接受测验。若通过测验可进行下一单元的学习；若未通过测验，教师应及时给予指导以帮助学生最终掌握。

第四，建立计算机教学辅导和管理系统。计算机辅导与管理系统可以使教师实时探查学生的学习状况，从总体上把握学生的学习进展情况。

（2）同伴辅导教学策略

同伴辅导是学生配对的个性化教学策略，指在多样化教学情境中，教师安排学生通过一对一的搭配促进学生互相帮助的教学策略。同伴辅导可以通过以下三种方式展开：一是，不同年级学生之间的辅导，通常是高年级学生辅导低年级学生。这种方式不仅可以帮助被辅导者的学业，还可以帮助学生发展其社会性品质。二是，两个学生之间平等地互相帮助，共同参与学习活动。这种方式的扩充形式是合作学习。三是，同一班级内学生之间的互相辅导。这种方式最为普遍。

（3）风格本位教学策略

教学风格指教师在教学过程中稳定的行为样式，涉及教师的情感和态度等个性特征。教学风格的核心是行为和方法策略在一定时间范围内的稳定性。因此，只有从事了一定时间的教学，积累了丰富经验的教师才能够谈及风格本位的教学。风格本位的教学策略要求调整教学环境，以适应不同学生的差异。鲁宾提出了改进型、信息型、程序型、鼓动型、互动型、陈述型六种教学风格类型。

风格本位的教学策略需要教师在课程教材方面进行改革，契约活动包是最常用的方法。契约活动包是为那些倾向于结构化学习环境的学生或追求自我选择的学生提供的教材大纲，代替了全班课堂教学的课程教材，向学生提供可供选择的作业，以满足个性化教学的需要。学生完成一项活动并记录达到每一个目标的经验。

（四）影响大学英语个性化教学的因素

1. 学生因素对于个性化教学的影响

（1）学生的英语基础知识

在我国，绝大多数学生上小学就开始学习英语，但由于我国各小学的师资与教学条件存在巨大的差距，城市与乡村的英语教学水平也存在着很大的差别，这些差别造成了大学生的英语水平参差不齐。

（2）学习模式的转变

从中学英语学习模式向大学英语学习模式的转变是影响学生大学阶段英语学习的一个重要因素。长期以来，我国的大学英语教学一直存在着与中小学教学相对脱节的问题。"由于长期以来没有对大、中、小学的整体外语教学进行系统的研究，因而形成了各自为政、各行其是的外语学习缺乏渐进性的局面。其后果一方面使整个外语学习耗时长、效率低，另一方面也由于教学内容上的重复、交叉，致使学生产生厌学情绪，不同程度地挫伤了学生学习外语的积极性，同时也造成了教育资源的浪费。"

（3）学生的学习兴趣与学习动机

动机是直接推动有机体活动以满足某种需要的内部状态，是行为的直接原因和内部动力。有机体的各种行为和活动都是由动机所引起的。动机由内驱力和诱因两个基本因素构成。内驱力是指在有机体需要的基础上产生的一种内部推动力，是一种内部刺激。诱因指能满足有机体需要的物体、情景或活动，是有机体趋向或回避的目标。学习动机是影响学生学习活动的重要因素，它不仅影响学习行为的发生，而且还影响到学习的进程和学习的结果。

学习兴趣就是学习者对所学知识的一种喜欢的情感。学习者的学习兴趣是学习者学习态度的一个重要方面。学习兴趣会对学习者的学习动机间接产生重要的影响。学习者对学习材料是否有兴趣、对教学活动的组织是否感兴趣，这些都会影响学习者的学习情绪和学习效果。为此大学英语教师在教学中应考虑学生的实际情况，教学进度不要太快，教学要求要适当，应采取从易到难，由少到多，循序渐进的教学方法。同时，教师应注意解决学生，尤其是基础较差的学生在英语学习中的实际困难，提高他们对英语的学习兴趣和信心，进而提高英语教学的效果。

（4）学生英语学习策略与方法

关于学习策略的含义，国外学者的看法各有侧重：查莫特认为学习策略是学生采取的技巧、方法或者刻意的行动，其目的是提高学习效果和易于回忆语言的形式及内容。鲁宾认为学习策略是有助于学习者自我建构的语言系统发展的策略，这些策略能直接影响语言的发展。尽管对于策略定义之间存在明显分歧，但是学习策略始终被认为是学习者成功与否的重要因素之一。

2.教师因素对于个性化教学的影响

（1）教师的教学观念

教学观念是人们对教学和学习活动内在规律认识的集中体现，有什么样的教学观念就会产生什么样的教学行为，教学行为受教学观念的支配。由于种种原因，目前许多大学英语教师仍然存在严重的、传统的应试教学观念。"由于某些学校教师对四、六级考试认识不到位，把重点放到了片面追求通过率和应付考试上，为考而教，为考而学，在教学中忽视了学生应用英语能力的提高。"

教育应把人的发展作为出发点和归宿，教育的目的应是提高每个学生的全面素质，使他们通过亲身体验加深对学习价值的认识，在思想、情感、意志、精神境界等方面都得到升华。只有这样，才能培养出适合当今世界发展潮流的人才，才能真正实践教育、教学的精神实质。

（2）教师的在教学手段

在教学手段方面，我国的外语教学多年来基本沿用黑板、书、粉笔、老师加课堂的方式，现代教育技术没有得到很好地应用，多数学校缺少高质量的教学软件，即使使用多媒体教学也只停留在将黑板搬上屏幕的水平。在对某大学的大学英语教师在课堂上采用的教学手段的调查中发现，大多数英语教师的教学手段还是比较传统的"黑板＋录音机＋粉笔"的模式，而对计算机、语音设备等现代化教学手段的使用率比较低。

这种传统的"黑板＋录音机＋粉笔"的教学形式一方面不能为学生的英语学习创设必要的语言学习和应用的情境，不利于学生英语综合应用能力的培养；另一方面这种教学缺乏教学上的互动，不能体现出学生在英语学习上的主体地位，也不能为学生的英语学习提供自主性，不利于个性化教学的开展。

（3）教师的教学模式

"多少年来，我们的外语教学一直保持着教师主讲、学生主听的课堂教学模式，而且多数是大班上课，完全是传统的单向式的课堂教学。"这种教学模式能在短时间内向学生灌输大量的知识，大幅度提高学习成绩，在教育史上发挥过重大作用。但随着时间的推移和形势的变化，它的弊端也日益显现出来。它难以培养学生的创新精神和创新能力，阻碍学生个性和特长的发展，不适应当今社会经济和文化发展的要求。

（4）教师的教学内容

在现代社会，获取能力比单纯掌握知识更为重要。知识只有转化为能力，才能够有效地发挥作用。个性化教学与传统教学的最大不同就在于个性化教学的目标主要在于培养学生的能力；而传统的应试教育以知识的传授为教学目的，培养的学生往往高分低能，难以满足现代社会发展的需要，同时也束缚了学生个性的发展。

（5）教师的评测方式

长期以来，大学英语教学存在着注重知识传授、轻视能力培养的现象。教学评估体系则将考试作为学习的终极目标，使考试等同于评价。许多教师在对学生学习的评价上，使用终结性评价较多，使用形成性评价偏少。大多数教师习惯于单纯用分数作为评价语言能力的手段，测试手段单一，存在缺陷，无法真实、全面地反映学生的语言综合应用能力和个性化学习能力的养成与发展。

（五）实施大学英语个性化教学的对策

1. 转变教学观念

转变教学观念，真正实现以学生为主体、以教师为主导的大学英语的个性化教学。大学英语教学多年来一直以培养学生具有较强的阅读能力和一定的听、说、写、译能力为目标。《大学英语课程教学要求（试行）》则将大学英语的教学目标定位为培养学生英语综合应用能力，特别是听、说能力，使他们在今后工作和社会交往中能用英语有效地进行口头和书面的信息交流。同时，增强其自主学习能力，提高综合文化素养以适应我国经济发展和国际交流的需要。教学主体从以教师为主的课堂教学转变为以学生为主的课堂教学。同时，教师还要摒弃应试教育的思想，树立培养学生英语应用能力与全面发展个性的教学观念。

2. 教学形式多样化

第一，采用大班和小班授课相结合的班级授课形式。大学英语的语言能力主要分为语言的基础知识和语言的应用能力。如听说课程主要是体现在师生间和学生间的互动，这类课程宜实行小班的授课形式；而语法、词汇、阅读性的课程，这类课程主要以教师的讲解为主，即使大班人数多一些也不会对教学效果有太大的影响，所以可以适当地使用大班的授课形式。这种大、小班授课相结合的授课形式，适合不同性质课程的需要和要求，易于提高教学效果。而且，可以在一定程度上缓解大学学生多、教师不足的现状，节省一部分教师的精力和时间，使他们能够有充足的时间去学习、充实自己，不断和提高自身的英语水平。

第二，采用第一课堂教学与第二课堂教学相结合的教学方式。第二课堂教学能克服第一课堂教学时间、教学教材等因素的制约，以其灵活的方式、新颖的内容激发学生的兴趣，将学生的被动学习转化为自主学习，可发展学生自主学习的能力。同时，第二课堂也是对第一课堂教学的有益的扩展，通过第二课堂的教学，学生可加深对第一课堂所学知识的理解。理解了的东西就容易记得住、用得活，用的过程也就是把语言知识变成语言能力最基本的过程。通过参加内容广泛、形式多样的英语第二课堂，不仅培养了学生的主动性和创造性思维，同时也符合现代教育、教学理念中所倡导的充分考虑学生的个性特点的民主教学观念。

3. 教学手段现代化

要真正实行以信息技术、网络技术与多媒体技术为依托，以学生个性化自主学习为主的教学模式。多媒体电脑的普及和网络技术的发展对于外语教学产生了巨大的影响。随着英语教学观念的转变，教学模式的改革，以多媒体、网络为代表的现代教学手段引入英语教学势在必行。多媒体及网络教学有着很多传统教学无法比拟的优越性，主要表现在如下几个方面：①创造优美的视听环境。②多感官刺激，强化记忆。③学生可以自主学习，自我调节学习的进度。④信息量大，节省时间。

4. 改革测评机制

第一，适当使用开卷的测试方式。目前，我们大学英语测试主要采用闭卷的形式，客观性试题的比重过大，不利于检测学生的创造性思维和使用有效的策略与方法解决问题的能力。在开卷试题中应增大写作和翻译主观性的试题的比重，以此来评测学生灵活运用所学知识解决问题的能力。

第二，大规模的标准化测试与学生的自我检测相结合。学生的自我测试、自我评价对于自身的英语学习可以进行有效的调控，可以使学生不断修正自己的学习策略与方法，从而最终获得适合自身特点的个性化的方法与策略，为以后自主学习能力的养成打下坚实的基础。

第三，教师出题测试与上机测试相结合。在计算机上进行英语测试要比在传统的试卷上进行测试更能体现测试、评价的公正性。计算机是不会受情感因素的影响的，而教师在阅卷过程中有的时候难免会有失公正。计算机上的试题，由于计算机的声音与画面或图像的完美结合，更能体现出试题的真实性和情景性，更有利于学生形成对英语学习和使用的领悟和理解能力。

二、个性化教学的实践

（一）个性化的学习目标

个性化的学习目标对于不同的学生形成了不同的标准，相应的学习过程、采取的方法也因人而异。因此，教师应根据所教学生的需要、兴趣和潜能来进行教学设计，依据不同学生的知识结构特点和认知发展规律，由简到难，依次螺旋式有层次地提出，为不同层次的学生制定各自较为合适的努力目标，这一目标允许学生用不同的时间和速度来完成，其间也可以调整自己的学习目标。例如，在要求学生记忆单词时，英语基础好的同学要全部掌握（包括发音、拼写、意义、词性及常见用法），甚至还可要求他们掌握大纲词汇以外所遇到的单词；对于一些基础薄弱的、背诵单词确实有困难的同学可适当降低要求，可帮他们缩小范围，要求他们背诵一些常用的较重要的词汇，教师要设法使每个学生体验到学习的快乐和成就感。

（二）个性化的教学方法

教学方法个性化是强调以学生的个别差异为出发点，以学生的兴趣与需要为中心，以班级教学的调适与分化为基本方向，以每个学生能力与个性的最大发展为目标的方法，培养学生的主体精神、参与意识、独立思考能力和创造能力，创设多元化的情境，创造条件使每一个学生都有机会展示和发展自己的强项，从而使每个学生在各自的基础上获得进步，使得教学质量得到全面提高。

1. 自主选材的英语演讲

英语演讲是我们设计的课堂教学的第一个步骤。每堂课前，由值日生到台前用英语演讲，内容包括：报刊上的时事热点、美文故事或学生感兴趣的话题。值日生在课前先将自设的一个问题板书在黑板上，这样便于其他学生在听的时候捕捉信息。演讲后，其他学生根据问题自由抢答。

通过这个活动，学生可将平时在阅读中读到的好文章与同学共享，同时也可以提高自己的阅读能力与选材能力，进一步增强学生上台演讲的自信心和成就感，从而提高学习兴趣，对其他同学也会起到激励作用。更多的学生提高了听力和阅读能力，扩大了知识面，演讲者的口语、胆量、个性、兴趣都得到了锻炼和发展。这样的活动打破了教材的局限，体现了个性教学的优势。

2. 激趣开放的课堂导入

课堂导入是激发学生学习兴趣的重要措施。如果导入成功了，学生从一开始就会进入状态，从而积极主动地参与教学活动。教师通过英文歌曲、趣味游戏、多媒体、图片或讲故事，情景对话等多种方式创设情景，让学生情不自禁地去看、去听、去想、去做，立意激趣、渗透主题，带入情境、振奋情智，为进入主题做好铺垫，使每个学生自信地学习，并有所作为。

例如，The "*visit to the USA*" 中谈到旅行，涉及了美国文化，在上课之前，笔者让学生以抢答的方式谈谈有关美国文化的信息，这些信息来自于课本又高于课本，学生将书本上及自己所知的信息用自己的语言组织加工，变成一篇章表达出来。这就是一种较高层次的运用。教师在讲授新课时如能有意识地给学生一些相关信息，给他们一两条作为例子，他们会举出四五条，甚至一大串。通过这样的活动，学生会认真记忆并寻找相关信息以及同一句话的不同表达方式。日积月累，学生在组织语言及表达能力方面会很快提高。

3. 自主合作的学习方式

自主学习是指做到"以参与求体验，以创新求发展"的教学，能够有效地促进学生发展的教学，能够激发学生强烈的学习需要和兴趣的教学，给学生充分展示自我的空间和舞台的教学。

（1）才艺表演

教师可以适时地在课堂上给学生提供唱英语歌、说英语故事、进行英语诗歌朗诵和英语情景对话表演等机会，不给他们任何限制，完全由学生即兴发挥创造，各尽其才。

（2）自习能力的培养

培养学生自习能力需要教师精心引导。要求学生配备好自习的工具，并根据不同的教学内容、不同层次的学生，布置不同的预习任务，而且适时提高预习要求。学生在英语自习的过程中，既能形成良好的学英语的技能，又能充分显示其自主性，他们的个性在丰富多彩的自习过程中也能得到完善和发展。

（3）小组的合作活动

根据教学目标和内容，在英语课堂教学中给学习小组布置各种任务，根据学生不同的特长担任不同角色,学生既能发挥个人的优势职能,又能习得他人的优势职能。通过对课堂教学活动的精心安排与组织,培养全体学生主动参与课堂教学活动的积极性,每一位学生感到自己的进步并努力成为班上更好的学生。这样,不仅丰富了课堂教学活动,活跃了课堂气氛,激发了学生的兴趣,它还让学生的优势职能得到了互补,为学生提供了更大的实践空间和语言环境。

（4）各抒己见的讨论

讨论是英语课堂中培养学生进行自主交互式学习的有效手段。教师为学生创设情境、提供话题,可以让学生围成圆圈自由组合,带着明确的目标,积极主动地学习并进行小组讨论,通过思考、实践、调查、讨论、交流和合作等方式学习和使用英语,完成学习任务。与此同时,教师应强化学生的学习动机,提高学习兴趣,形成学习策略,培养合作精神,增进其对文化的理解,发挥想象能力,培养发散思维和创造精神等综合素质,促进英语学科与其他学科的相互渗透。

（三）个性化的作业

教师设计作业时要关注不同学生的不同需要,让每位学生都能体验到成功的喜悦,从而使学生的积极性得到保护,个性得到张扬。

1. 书面作业

书面作业偏重于基础知识的巩固和积累,突出教材的重点和难点;学生只要上课认真听讲,在书本或者听课笔记上就能找到相应的答案。这类作业一般分为两种:一是全体学生必做题,二是学生自选题。这样,既让基础稍差的学生跳一跳能摘到"果子",又避免基础较好的同学存在"吃不饱"的现象。例如,在讲解对比可数名词和不可数名词时,教师可以选择这样的作业题:There（be）some people in the park 和 There___（be）some water in the glass. 根据所学知识,学生经过思考便能给出答案 are 或 is。结束后,让学生做与教学重点相关的书面作业,有利于教师重点复习某一知识点,加深了学生对语言内涵的理解。这类作业,按习题的深层结构对习题进行分类,看似简简单单的一道题,却含有很大的思维训练价值。这样,使得学生对学习充满了信心,学习成绩差的学生更是如此。

2. 预习作业

教师在英语课堂教学活动中,先给出一些预习题,让学生思考,然后教师再进行讲解。重要的是学生开动了脑筋，启发了思维，获得了一种满足感与愉悦感，使得学生爱学、乐学。教师只有自己摸索钻研过，才知道怎样正确地引导学生去学、去做。

3. 拓展性作业

拓展性作业是教师根据教学需要，设计出与教学目标相关的作业，这种作业源于教材，又高于教材，各层次的学生都能根据自己的基础和能力完成这份作业，而且效果很好，它能够考查学生能否把熟知的知识和技能运用于新的环境。

另外，为了给学生更多地运用英语进行交际的机会，发展学生的个性，老师可以设计和组织具有趣味性、拓展性的课外活动。如组织英文书写、演讲，单词接龙等各种比赛；成立英语角、演唱英语歌曲、开设英美风俗文化知识讲座等，让学生在这些活动中互相帮助、互相感染，进而共同提高英语水平，长久保持学习英语的兴趣；培养学生在生活中自觉学习英语的兴趣和习惯，提高学生个性化学习的能力。

（四）个性化教学的评价

1. 对教学环境和教师教学质量的评价

（1）观察法

观察法是以观察为主要方式对外显行为变化进行评价的一种方法。评价目的不同，需要观察的内容也有所不同。例如，若想评价学生之间的相互影响力，则需要观察学生的相互作用；若想评价教学对学生的影响力，则应观察师生之间的相互作用；若想评价教师的教学是否与学生的水平相适应，则应观察学生在教学过程中的反应；若想评价教师的教学是否灵活，则应观察教师讲课时间的安排；若想评价个性化教学是否充分发挥学生的自主性，则应观察学生自由学习的时间。

（2）讨论法

讨论法是指师生在宽松、民主的气氛中以群体讨论的方式来对教学环境和教师教学行为进行评价的一种方式。在这种气氛下，学生可以畅所欲言，既可以暴露相应的缺点，又可以展现其他途径不可比拟的优点，从而对教学做出评价并以此促进教学计划的改善。

（3）问卷法

问卷法是通过问卷的方式来对教学做出评价的一种方法。问卷法主要用来评价教学环境、教师教学水平以及学校整体教学效果的适宜性。问卷法的具体操作步骤如下：①确定评价对象及目标项目。②根据目标收集材料，制作问卷。③自己审定或聘请专家审定问卷的效度。④进行小规模问卷以考查问卷的效度。⑤对问卷进行修改、调整。⑥正式进行问卷的调查、统计分析和评价。

2.对学生学业成绩的评价方法

（1）个性分析法

个性分析法是在学习活动开始之前，将学生的自我介绍与教师的综合考察相结合，以此来确定学生学习起点的评价方法。描述性报告以文字形式对学生已有的发展状况做清晰地描述，以帮助教师具体把握每个学生的个性特征和个体差异，为每个学生的个性化教学设计提供基础，因而成为了个性分析法的主要方式。描述性报告中对学生的描述包括情感、态度、技能、动机、能力倾向，未来方向等内容。

（2）成果展示法

成果展示法是指经过一段时间的学习后，学生以多种方式如朗诵、演讲、表演、图画，广播等来展示其学习成果并体验成就感的评价方法。成果展示法在实施过程中应让每个学生都参与其中。目标成果之间不做横向比较，而只对同一个学生的成果进行时间上的对比，如将现在的成绩与一个月之前的成绩进行比较。

（3）亲师互评法

亲师互评法指教师与家长相互配合、相互交流来对学生的发展情况进行评价。教师通过多种方式（如家长会、家访、家长手册等）与家长定期沟通，相互交换对学生的看法，形成较为一致的看法，以便共同帮助学生解决其所面临的困难。

（4）卷宗评价法

卷宗评价法是根据卷宗对学生进行整体评价的方法。教师为每个学生建立卷宗，并将学生的兴趣爱好、风格特点、优点不足及学习进步情况等记入卷宗，进行追踪记载和评析。在此基础上，教师可以整体把握学生发展的全过程，并及时调整其教学计划和进度安排。

（5）契约评价法

契约评价法是通过师生之间的约定来进行评价的一种方法。契约评价法的具体操作过程如下：①教师提供几种学习任务，简单陈述学习内容，并对学习进行引导和鼓励。②学生主动选择其中一项任务，然后签约进行学习。③经过一段时间的学习后，教师根据先前的契约进行评定。

在签订契约的过程中，学生必须事先对自己进行分析和评价，然后根据自身特点选择学习任务、制定学习目标，并考虑实现目标的途径和方法。由于契约是学生自愿签订的，学生在自主决定学习任务的同时，也为自己的学习承担了责任。这就最大限度地减少了对分数的焦虑和学生之间的学习竞争，增强了学生的自信心与积极性。

第二节　ESL和EFL教学与实践

一、ESL和EFL教学

（一）ESL与EFL的定义

《牛津高阶英汉双解词典》中对"ESL"的解释如下：作为第二语言的英语（教学）（教学对象所在国英语为第一或第二语言）。"EFL"解释为：非母语的英语教学，作为外语的英语教学。

（二）ESL与EFL的差异

1.教学对象不同

从ESL的定义我们可知，在ESL的教学对象所在国，英语为第一或第二语言，其教学对象大致上也可以分为两大类：一是移民到英语为第一语言的国家（如英国、美国）的外国移民后裔，英语与其日常生活息息相关；二是英语不是该国或该地区的第一语言而是其官方语言的国家（如新加坡、印度）的居民，英语是其政府、司法、新闻媒体、教育和医疗等系统的正式用语。

而EFL教学对象所在的国家或地区，英语既非其第一语言，也非其官方语言，其教学对象大致上可以分为两大类：一是英语既不是其第一语言也不是其官方语言的国家（如我国、日本）的居民；二是官方语言是第一语言和英语之外的另一语言的国家（如莫桑比克、纳米比亚）的居民，他们的第一语言为当地语。对这些国家的英语学习者来说，缺乏沉浸式的英语学习环境。英语水平的高低对其生活质量并无特别明显的直接影响，因而显得其重要性较低。

2. 教学条件不同

EFL 以课堂教学为主要信息输入源，学生在课堂外除了复习功课和参加英语角等第二课堂活动之外，很少接触英语。ESL 学习者除课堂教学外，在生活中就沉浸在良好的英语环境中，如日常生活中接触到的广播、电视、报刊、对话等都使用了英语。而 EFL 学习者从教育的某一阶段开始，才以自己的第一语言为媒介来学习英语，如在我国大部分地区，学习者从小学高年级才开始以汉语为媒介来学习英语。

3.EFL 与 ESL 学习者的学习动机不同

学习母语以外的语言的动机大致上可以分为工具型学习动机和融入型学习动机。所谓工具型学习动机，是指学习者学习某一语言，是把该语言当成一种工具，去达到某一目的，满足某种需要。EFL 学习者的学习动机多半属于是工具型。而 ESL 学习者的学习动机属于融入型。所谓融入型学习动机，是指某一语言的学习者学习该语言的动机是为了融入当地社会。这一类学习者要想融入当地生活，必须理解当地人的生活方式及语言表达方式，才能够在不同场合下恰当地运用目标语言。

（三）EFL 环境下大学英语教学存在的问题

随着大学英语教学改革的发展，很多教师已尽可能多地给学生提供语言活动机会，教学内容也扩展到文化、交际等领域。但是，由于学生在中学的学习过程中形成的固有观念，他们对大学的教学内容的领会容易出现偏差，有些同学甚至感慨"高中授课内容比大学多得多"，"不讲语法，语法都忘光了"等。

另外，在相当长的一段时间里，通用英语教学在我国的大学英语教学中占主体地位，很多学校为了响应培养复合型人才的号召简单地开设了几门专业英语课。这些课程大多数在教法上与精读课雷同，重点放在句子的语法分析上。久而久之，就会使部分学生产生"专业英语很难很无聊"的心理。目前，高等院校英语教师在讲授专业英语时面临的最大挑战是缺乏教学所涉及的专业知识。

（四）EFL 与 ESL 的教学效果

EFL 教学的目的当然是尽可能使学习者达到尽可能高的英语水平，但不可否认的是，EFL 学习者不可能达到英语母语使用者的水平。并且可以很肯定地说，ESL 学习者的英语水平要比 EFL 学习者高得多，ESL 学习者可以达到的水平更接近于以英语为母语的人的英语水平。从掌握的词汇数量到运用熟练程度、语法规则（基本结构）、俗（俚）语，语体的运用等各方面都可以很清晰地显现出差异来。首先，从基本语言知识（词汇与结构）上来看两者的差异。中上程度的 EFL 学习者已掌握了一定数量的常用词汇和基本结构，但对于词汇与语法结构的掌握大多还只限于其基本意义。

ESL 学习者掌握的词汇数量要大很多，对词义的把握也更全面，在语法结构方面虽然有时也犯一些错误，但总体上看运用已很熟练。举几个词来作为例子，Base 可以表示"基础""碱"；fry 可以表示"煎""鱼苗"；rape 可以表示"强奸""油菜"。大多数的 EFL 学习者大多只能掌握上述各词的第一项词义，而 ESL 学习者则基本上都能掌握其第二项词义。对于近义词，EFL 学习者往往很难区别开，对 ESL 学习者来说则不在话下。比如 test 与 examination，前者表示平时测验，后者表示正规的考试；rob 与 loot，前者表示（单独的趁人不注意的）抢劫，后者表示（公开的众多人同时在公共场所进行的）洗劫。这两组词对 EFL 学习者来说不容易区分开，而对 ESL 学习者来说是很容易区分的。此外，EFL 学习者很少能运用成语、俗语，也很难根据场合来正确使用正式或非正式语体。从总体上来看，两者在语言的四个基本技能方面的水平差异也很明显。EFL 学习者的被动技能（阅读、听力）要大大强于主动技能（说和写），其中阅读最强，听力其次，说和写的能力最差；而 ESL 学习者的四项基本技能的训练和发展则比较均衡，其阅读能力在四项基本技能中并没有显得特别强，但写作能力仍是相对最弱的。

（五）ESL 和 EFL 教学对大学英语教学的启示

1. 转变教学侧重点

教育部 2007 年制定的《大学英语课程教学要求》指出，大学英语是以外语教学理论为指导，以英语语言知识与应用技能跨文化交际和学习策略为主要内容，并集多种教学模式和教学手段为一体的教学体系。因此，我们在大学英语教学中培养学生的语言应用能力，可以从以下两个方面着手：一是，培养学生的英语综合应用能力，特别是听说能力，使其落实到外语教学活动的各个环节并指导实践教学；二是，设计大学英语课程时也应当充分考虑对学生文化素质的培养。

2. 改变教学方法

大学英语教师除根据教学内容和要求精心设计任务，给学生一个多向思考的空间之外，还可以充分利用各种实训实验室，增强学生的动手能力。在课堂活动中，鼓励学生发挥主动学习的精神，为学生创设语境练习和自发交际的环境，使学生成为课堂教学的中心。

3. 加强对教师的培养

多数教师在国内学习英语多年，没有机会体验地道的语言表达，非"双师型教师"也缺乏企业实践经验，不利于营造过真的交际环境。因此，进一步提高教师的业务水平和素质是很有必要的。其有效途径之一就是加强教师的培训与进修。

二、基于英语口语 ESL 和 EF L 的实践

（一）教学准备

课前准备是教学活动是否能走向"成功"的第一步，而教学目标的分析、教学主体的分析和教学材料的选择及展示是课前准备的三要素。

1. 目标分析

人们认为教学目标的定义有狭义和广义之分，狭义的教学目标指的是学校根据国家所定的教学目的及其根据学生自身现有的生理、心理和认知发展水平而制订的教学计划，它与学校和课堂相关联。而广义的教学目标指教学的目的或是教学计划，实质上就是把社会的需求转变为教育的要求。总而言之，教学目标指的就是师生通过教学活动预期达到的结果或标准，是对学习者通过教学以后将能做什么的一种明确的、具体的表述，主要描述学习者通过学习后预期产生的行为变化。那如何对教学目标进行分析？我们主要从三个方面进行分析。

（1）目标关键词化

目标关键词化指的是教师在制定某学科的课时目标时，使用具有具体、明确，有针对性特征的词进行表述，以使得目标更加的明确化、可操作化、可检验化。根据布卢姆的教学目标分类，我们把课堂教学目标分为认知、情感和心理运用，这三个方面构成课堂教学活动所要实现的整体目标。因此，教师应把教学目标视为一个整体，每一个教学目标的分类都应从简单到高级的梯度对目标水平进行描述，每一梯度都是建立在原有水平的基础上的。对我们而言，最大的困难就在于如何去区分相邻分类的关键词，尤其是当我们面对的是不清楚、不明确的教学目标或是在陈述教学目标时表述不清楚、不明确时，如何来解决这个问题？教师应多多参加集体备课或是多听课，在备课中或听课后互相讨论，分享彼此的观点。

（2）目标行为化

行为目标以显性的、具体的、可操作性的行为描述形式来展示课程目标。它的早期倡导者博比特（F.Bobbitt）认为，科学的时代要求准确性和具体性，由此，课程目标必须具体化、标准化，具有某种程度，的客观性，并试图为确定课程目标提供一套操作程序。

2. 选择教学材料

（1）教学材料选择的生活化

教学材料选择的生活化，指的是教师在教学的准备过程中，设法把学生所要学习的知识和现实生活相互衔接。这样极易激起学生学习的热情和积极性，从而更好地帮助他们理解和内化知识。

（2）教学材料选择的结构化

每门学科都有各自的结构。结构指的是系统的诸要素之间相对稳定的联结方式或组织方式。布鲁纳在《教育过程》中指出，不管我们选择什么样的学科，必须使学生理解这门学科的基本结构，学习结构就是学习各事物之间相互联系的方式。教师只有有组织有结构地选择教学材料，才有利于学生对知识的迁移和理解。

（3）教学材料选择的情境化

教师可以利用能利用的情境来更有效地实现教学目的，在没有可利用的情境时，也可以通过各种方式借助各种教学仪器创设情境，其目的是把学生引入一种特定的环境中，激发他们原有的兴趣，积极地参与问题的讨论，通过自己的发现去习得知识。比如，谈论到"How to get the job you want？"，教师可以事先设置主题，告诉学生，即面试情境，在课堂上，学生以小组为单位，自行确定各小组中人物角色的定位，然后运用所学的知识和大脑中对面试情节已有的认知，进行"role play"，而后进行小组汇报。教师可以在旁进行指导，而后点评各小组，在评价过程中把新课的内容不断地渗入其中。总之，教师应尽可能地结合教学材料提出各种问题，创设各种适合教学内容的情境，达到有效的教学。

3.教学方法的选择

对于口语学习而言，以发挥学生主体性的小组活动形式是不可或缺，因为语言本就是交流的工具，离开了人际交流我们便无法学好它。在进行小组教学时，教师应尽可能根据学生的水平、能力进行分组，这样在交流过程中不至于使得组里成员因为某些组员水平太差或是水平高而感到扫兴或是沮丧。形成的组员应该具有一定的稳定性，不宜常更改，为的是让学生能在一个熟悉的团体中更大限度地自由发挥。为了更好地组织好小组活动，每个小组应该有组长，小组长可以由学生推选或教师指定，其职责在于代表学生的意见，协助教师来进行课堂教学，是教师和学生进行交流的桥梁。进行小组活动时，教师角色不再是课堂的主宰者，而是一位协助者、指导者，在巡视过程中，教师要指导学生的小组讨论的方向，参与学生的探讨，随时给予学生的帮助，提供咨询，同时尽可能地让学生使用英语讨论，最后倾听小组选派出来的代表发言并对他们的发言进行总结。

通过小组讨论，学生的语言运用能力得到了加强。在共同讨论中，进行不断地思想、情感交流，扩大了学生的知识面，同时也促进了学生创造性思维的发展，帮助学生更容易发现自己的不足，认识到问题所在，在练习中能够不断地提高自己的口语水平。在集体合作中，学生更能意识到集体合作的重要性，增强团队的精神。这时语言的学习不再是词汇的叠加，而是语言加文化在交际中的灵活使用。

（二）教学过程

教学过程可以选择互动教学法。互动教学法是指在教学过程中充分发挥教师和学生双方的主观能动性，形成师生之间相互对话、相互讨论、相互观摩、相互交流和相互促进的一种教学方法，它不同于传统的以教师为中心的"满堂灌"教学法，也不同于放任学生自发学习的"放羊"式教学方法，而是现在被大家一致认可和接受的方法，被广泛地运用于语言课堂教学中。

在进行互动教学时，必须注意以下两点：一是教师应确定明确的目的，进行充分的准备。例如，在学生提问前，教师应明确地向他们讲明提问的主题、内容和要求，以免学生的提问脱离主题，产生混乱的状态，不至于使得学生上完一堂课后，却不知道所学为何物。在学生向老师提问时，有关于一些涉及教师隐私的问题，因地域国籍等而产生的文化差别，如工资、年龄等，这时候我们应及时地传授给学生有关中外文化差异的知识，这样才能使得课堂自然有效地进行。二是在互动教学中，教师既要起示范的作用，也要参与到对话中。如教师可以和一名学生编对话，然后向全班学生示范；对于学生所提的问题，教师可以参与到学生中去一起回答与谈论。要做到这点，要求教师在口语课堂中，不仅仅视学生为课堂的主体，对他们在课堂中所展示的聪明才智给予鼓励和赞许之情，而且也要具备较强的课堂掌控能力，当学生的积极性被调动起来后，课堂上往往会出现一些问题，这就要求教师具有较强的课堂应变能力，发挥他们的指导作用，迅速地让学生回到原有的轨道，按教学目标有序地进行。

1. 问答

此"问答"非彼"问答"，传统的"问答"采取的是教师问，学生答的方式，学生处于被动的位置。当代的口语教学中的"问答"更加注重的是以学生为主体，大力提倡的是学生问，学生答，教师点评，或是学生问，教师答，更加有力地调动学生学习的积极性，而这种交流方式也拉近了师生之间的距离，促进了师生间、学生间的相互了解，有利于建立平等的师生关系和伙伴型的学生关系。

2. 讨论

以新加坡 S 学院的语言研修班为例，整个教学过程分为三个阶段，准备阶段，由教师指定教学主题和内容，而后把全班学生分为数个三至五人的小组，分配给每个小组其所需完成的任务。自学、讨论和表述阶段，学生各自研读相关的教学内容后，再进行小组详细讨论，此为教学中的关键环节，期间要求学生通过组内外讨论、师生间互相请教，正确理解所学内容的基础上，再结合自身的实际情况或是经历做好发言准备。综述、评估和总结阶段，由教师对汇报讨论情况做出点评、总结和打分。在讨论式教学中，学生的语言运用能力不仅能得到提高，而且其团体合作的精神也能在此得以充分的体现和培养。在教学中，团体合作备受新加坡政府重视，在课堂活动中，教师常把学生分成数个小组，以小组为单位合作解决问题，每个小组，互相分享彼此所知，学习彼此所缺，讨论如何完成任务。

模拟和角色扮演一样都属于语言课堂上的活动，两者都以游戏的形式借助语言来反映社会的现实生活，但模拟却比角色扮演更为复杂，步骤更为繁杂。它要求教师做许多的工作。在模拟教学活动前，教师要向学生介绍模拟的背景及其具体场景，介绍小组个人需要模拟的对象，说明其特征，明确各组的任务要求。在模拟活动中，教师身兼数职，既是组织者、观察者又是指导者和鼓励者。在模拟练习中，仔细观察学生的语言表现和行为。由于在模拟活动中，放手让学生去做，必定会出现一些语言错误，教师应及时恰当地运用二语习得研究中关于"分析错误"理论纠正学生的错误，鼓励学生继续活动；在模拟活动中，教师要指导学生在已有的知识基础上主动学习语言知识，充分发挥学生的创造性。最后，教师要对整个活动的效果及其每个参与者进行评价和总结。

实践证明，角色扮演和模拟活动的价值就在于为学生提供了一个运用目标语进行实践的机会和环境。让他们在这个舞台上运用目标语进行交流，在生生之间的互动中不断地习得语言，促使其口语水平的提高，在学校的剧场中表现"表演"和"观看"的本能，在生生之间的互动中学会合作、交往和责任。在角色扮演中，展现自己的个性和创造力。

从对上述正流行或是仍在英语教学课堂上发挥作用的各个教学法进行总结和分析中，不难看出各教学法并不是一个独立体，各自独立于其他教学法之外，而是彼此互有交集，如交际法和任务教学法。任务教学法的出现并不被视为一种新兴的教学法。就某种程度而言，它被当作是一种实现课堂教学中交际教学的途径和方法。教师在课堂教学中所采用的教学方法也不只是某一种方法，而是多种方法的综合。

在我国台湾省，英语口语教学可以借助于通过线上家教、语言测验系统、学习单元、虚拟情境、语言游戏，探索式学习等得以施行。CALL教学强调的是师生、生生间的交互学习，而不是单纯的教师传授。学生在教师的指导下利用手边的信息资源发展他们的自主学习能力，从而习得语言。以某一口语课堂为例，教师先向学生介绍一些常见的练习，几种口语沟通类型的步骤，再请学生以两人一组或多人一组的方式进行对话练习，教师可以利用网络双向沟通工具来实行，在课堂教学中，教师帮助学生培养良好的口语沟通习惯。

虽然网络对于语言学习所起的作用不可忽视，尽管我们也在不断地运用多媒体于语言教学中取得了一定的成果，但问题却显而易见。比如，我们身边的可使用的教学程序、教学软件的质量问题，能与教师及其学习者的需要相匹配的计算机辅助语言教学的软件并不多。一线工作的教师因其丰富的实战经验使得他们在研发教学软件上更具有发言权。但是事实上，大多数教师缺乏一定的培训或者说没有足够的时间去制作或研发简单的教学软件，更不用说复杂的。这一任务不得不交予商业研发商，但他们的产品却往往并非以教学原则为依据。此外，对于现在的科技而言，人机互动与人们之间的互动比较而言还是后者更为得有效而且更为"亲密无间"一点。虽说如此，电脑网络就像其他运用于教学中的工具一样，它本质上并不能给学习带来促进力。因此，教师的责任就在于最大化计算机辅助语言教学的潜力以提高学生的语言认知水平。

（三）教学评价

1.学生学习评价

语音评分标准：① 0~0.4 重音不准，经常性的语音、语调错误致使说者难以被听者理解。② 0.5~1.4 重音不准，经常性的语音、语调错误致使说者偶尔难以被听者理解。③ 1.5~2.4 重音不准，一些持续的语音、语调错误，但是说者能被听懂。④ 2.5~3.0 偶尔的发音错误，但是说者能完全被听懂。

总体可理解度的评分标准：① 0~0.4 即使是在最简单类型的表达中，但总体可理解度仍很低。② 0.5~1.4 错误的发音，有限的词汇储备及其缺失的语言知识，频繁的停顿或反复的叙述，导致一般性不理解。③ 1.5~2.4 一些发音、语法和词汇选择上的错误或者由于停顿或是偶尔的叙述，导致一般性理解。④ 2.5~3.0 在一般的表达、演讲中完全能被理解，偶尔出现语法和发音的错误。

流利程度评分标准：① 0~0.4 语言表达过程中的停顿、断断续续或不依据目标语国家表达的顺序，以至于完全不能被理解。② 0.5~1.4 语言表达过程中的大量的停顿或不依据目标语国家表达的顺序影响彼此的理解。③ 1.5~2.4 语言表达过程中的一些停顿，但是依据目标语国家表达的顺序，并不影响彼此间的理解。④ 2.5~3.0 语言表达流畅，近似于目标语国家的人。

当然，评价的标准随着评价理念的变化而变化，随着评价内容的不同而关注点不同。但是无论如何，我们都不能以"能否与本族人说得一样"作为标准，因为即使是目标语国家的人，也存在语音、语法，流畅度等方面的差异。就好比我国的普通话，因为夹杂着各地的方言而有所不一样。

2. 教师教学评价

（1）从师生及其交互活动来进行评价

第一，作为教学活动的主体——教师，对其在课堂教学过程的评价主要通过以下几个维度来进行。一是组织能力。看教学内容是否清晰，结构是否严谨富有逻辑性，教学语言是否明了，教学活动的组织是否张弛有度。二是调控能力。看教师是否能根据课堂的教学情况及其出现的问题，采取有效的措施，调整教学环节以保证课堂教学任务的顺利进行。三是教学机制。

第二，一堂课质量的优劣，应以学生的发展来衡量，新课程改革明确地提出需凸显学生的主体地位，多关注学生在课堂上的学习状态。一是参与状态。观察学生在课堂上是否能全员参与，参与的面有多大。二是交往状态。观察课堂教学中，是否有多边的信息联系和信息反馈，课堂中师生之间、学生之间的交往方式是否多样化，在交往过程中学生个体或是学生间的合作技能如何。三是思维状态。观察在课堂教学、课堂互动中，学生是否敢于发表见解，提出的问题是否具有可探究性、创造性，探究问题时是否主动、积极，在解决问题中，能否综合地运用语言和技能，进而获得信息，完成任务。四是情绪状态。观察在课堂中，学生是否能调控自我学习情绪的能力。

（2）从课堂教学要素来进行评价

评价一堂课是否成功，除了关注学生的学习状态，还需要关注的是教师的教学行为及其教师的教学技能。以下从几个方面进行简明阐述：一是教学目标。看教师指定的教学目标是否全面，能否把知识、技能，情感三个方面内在统一，是否具体、量化，是否符合学生的认知发展水平。二是教学内容。是否突出重点、难点，抓住关键。三是教学过程。看教学思路的设计，是否符合教学内容，是否符合学生的认知水平。在课堂教学展示中，观察教学的编排组合、衔接过渡是否紧凑合理。看教学思路的层次是否清晰。在教学环节中，时间的分配和衔接是否合理，前后时间的松紧度，教师和学生活动时间的配合是否默契，学生活动时间中个体活动和集体活动的时间计算以及时间分配是否合理。看课堂教学中教师运用教学思路的效果。四是教学方法和手段。看教学方法是否多样化，教学方法的选择是否建立在适当化、实际化的基础上，只有量体裁衣、优选活用，才能激发学生潜在的能力，促进其认知水平的发展，使得课堂教学常教常新。看教师是否适时、适当使用电脑、投影仪等现代化教学手段。

第三节　ESP教学与实践

一、ESP 教学

（一）ESP 的定义与特点

"ESP"即专门用途英语，这一概念兴起于 20 世纪 60 年代后期，也被学者称为特殊用途英语或专业英语。对于 ESP 的定义，国内外学者有不一样的意见，沃特斯认为 ESP 是基于学习者需求的一种语言学习方法或途径，ESP 的关键是分析和满足不同学习者的不同需要。学者麦凯（Mackay）提出专门用途英语往往为某一职业的特点和要求服务，一般指为实用目的而采取的英语教学。

在国内，学者对 ESP 定义研究的发展始于 20 世纪 70 年代，杨惠中先生认为 ESP 教学的教学目标、教学方法，教材方面都有特定性。伍谦光认为 ESP 教学应该是为了适应学生的某个明确的实用目的而进行的英语教学。蔡基刚认为 ESP 是 EGP 的延续或扩展，国外 ESP 的现状就是未来我国 ESP 教学的发展方向。

综上所述，笔者认为国内外学者对 ESP 定义可以概括出以下特点：①ESP 是一种为某一专业领域服务的英语教学。②ESP 教学与 EGP 不同，应该依托在特定专业和或职业领域上进行教学。③需求分析是 ESP 教学的关键。

（二）ESP 的分类

1. 罗宾逊两分法

罗宾逊以学习者的学习经历为标准，将专门用途英语分成职业用途英语和学术用途英语两类。罗宾逊的分类可以使专门用途英语教学明确每个阶段的教学任务，避免了专门用途英语教学的混乱与盲目，因而对于专门用途英语教学的课程设置极具指导意义。

2. 达德利艾梵和圣约翰两分法

达德利艾梵和圣约翰以职业领域为标准，将专门用途英语划分为学术用途英语与职业用途英语两种类型。按照这种分类方法，学术用途英语和职业用途英语在很大程度上是相互联系的。以广告英语为例，它既可以用于广告学专业学生的学术研究，又可以适应广告设计人员的职业需要。

3. 大卫·卡特三分法

大卫·卡特把专门用途英语划分为受限英语、学术和职业英语、特定主题英语。具体来说，受限英语常常只适用于某一个特定行业或职业，离开了这个环境，受限英语将无法进行正常有效的交流。学术用途英语和职业用途英语之间没有绝对的界限，二者在一定时候是可以相互转化。而特定主题英语则与未来的某项需求相关。

4. 哈钦森和沃特斯三分法

哈钦森和沃特斯以学科类别为标准，将专门用途英语划分为科学技术英语、商务贸易英语，社会科学英语三个类别。

上面的几种分类是从不同角度展开的，因此很难判断哪一种分类好，哪一种分类不好。但是，无论是哪一种分类都将学术用途英语与职业用途英语列为必选项，认为这两者是专门用途英语教学不可缺少的部分。这种共识极大地促进了专门用途英语教学的研究的发展。

（三）ESP 需求分析

布林德利（Brindley）认为，"基于需求"的教学原则尤其体现在特殊用途英语教学和职业导向的程序教学当中。布林顿（Brinton）等在对 ESP 教学深入分析后指出，"语言大纲应该考虑到学习者最终对目的语的使用"，而且"学习者认为使用含有信息的内容且与自己有关时可以提高学习动机，进而能够促进语言的学习"。布林顿认为，ESP教学是一种"以特定目标为导向的"英语教学，必须建立在"需求分析"的基础上。张晓娜指出，ESP需求分析的实施包括掌握学习者目前的外语水平和学习目的。总的来说，笔者认为，ESP需求分析就是"以特定目标为导向的"对语言学习者的目标情境和学习情境的需求进行分析。国内外学者普遍认为，需求分析对ESP教学至关重要，是ESP教学的基础和核心。

（四）课堂教学的原则

1. 教学内容与教学形式要与其自身特点相结合

哈钦森和沃特斯曾指出，专门用途英语并非一种专门教授英语变体的教学。事实上，为特定目的而使用的语言并不意味着它本身是与其他形式不同的、特殊的语言形式。尽管专门用途英语的学习内容广泛，但没有理由认为专门用途英语的学习过程和一般用途英语的学习过程有什么不同。

通过上述言论，我们可以得出两个结论：①专门用途英语的教学内容虽然特殊，但这并不意味着它是一种特殊的语言形式。事实上，它和一般用途英语在本质上是一致的。②专门用途英语和一般用途英语互相区别，这种区别主要体现在教学目标上。由于学习者的组成和所处学习阶段的不同，专门用途英语和一般用途英语对学习者的培养重点和要求均有所不同。一般用途英语强调学生在日常生活中的听、说、读、写、译技能；专门用途英语则重点培养学生在专业领域中的听、说、读、写、译能力，使学习者最终能够达到运用英语获取所需专业信息的目标。由此可见，一般用途英语是专门用途英语的基础，而专门用途英语则是一般用途英语的进一步延展和拔高，二者在教学上各有特点。

2. 与双语教学区分开来

专门用途英语和双语教学看似相近，实则有着本质的区别：二者的教学目标不同。专门用途英语教学的根本目的在于提高学生的英语交际能力，而双语教学的根本目的在于传授学生以专业知识。以市场营销英语为例，其本身和用英语讲授市场营销专业课有着本质的不同。市场营销英语重点在于讲授市场营销领域中的英语特点、句法规律和表达方式，其本质是一种英语教学，其课程也应该被置于英语专业中；而用英语教授市场营销的重点在于传授系统、完整的专业知识，英语只是一种教学语言而已。其本质是市场营销教学,其课程应该被置于市场营销专业中。

3.以学习者为中心和遵循语言教学的相关要求

从前面哈钦森和沃特斯对专门用途英语的定义,专门用途英语是一种以学习者为中心的语言教学方式。专门用途英语教学必须关注学生的需求,突出学生的课堂主体地位,一切教学活动都应以学生为中心,这一点是由其含义所决定的。

4.处理好与其他教学要素之间的关系

专门用途英语与一般用途英语、教学法、教材、教师都有着莫大的联系。对这种联系把握得是否到位以及处理得是否得当,都直接影响着课堂教学的效果。

二、基于 ESP 需求分析跨境电商方向《商务英语》课堂教学设计

（一）课堂教学内容的设计

教学内容的设计是以教学目标为基础,基于 ESP 需求分析对教学的具体内容、范围、深度进行设计,力求实现最优化的教学效果。教学内容的设计是课堂教学设计中重要的组成元素。笔者认为做好教学内容的设计,应该做到以下几点:

1.阶段性需求分析,挑选难度适中的教学内容

通过调查显示,33.33%的学生认为《商务英语》教材对于自己而言比较困难,45.37%的学生认为非常困难。鉴于技工学校跨境电商的学生普遍英语水平较低,因此教师在对教学内容的选择上应该根据学生的实际能力水平挑选难度适中的教学内容。这需要商务英语教师对学生做好不定期的阶段性的需求分析。需求分析是一个动态可变的过程,学生对不同单元、不同专题的了解程度、学习兴趣、可以接受的难易程度都是不一样的。因此,除了《商务英语》的总体教学设计需要需求分析外,每一单元或专题的教学内容设计也应该做好需求分析。教师可以通过阶段性的需求分析,对于所学章节学生的学习动机、原有知识技能水平、学习需求及目标需求等信息进行调查,力求设计符合学生需求的难度适中的教学内容。

2.以跨境电商知识为依托的教学内容设计

据笔者所知,LMST 学校所使用的《商务英语》教材的教学内容主要围绕传

统国际贸易业务流程及外贸业务中所涉及的主要工作任务。当前教材以商务英语专业的学生在未来的工作中可能会遇到的工作场景或任务设置教学内容，但对于跨境电商这一领域而言，并没有特定章节专门介绍跨境电商工作所使用的 ESP 商务英语。因此，为了《商务英语》的教学内容更加符合学生的学习需求和社会需求，教师应该对教材内容做出适当的调整、取舍与补充。

3. 注重教学内容的拓展延伸，培育学生跨文化交际能力

在《商务英语》教学内容设计中，教师不能仅围绕教材内容进行设计，还需要针对学生 ESP 需求分析结果，在教学内容设计上注意延伸与扩展。74.07% 的学生表示，他们最喜欢的教学环节是课外拓展环节。大部分学生表示除教材学习外，还希望学到各国风俗人情、国际礼仪、不同语种的简单表达等知识。另外，企业在访谈中表示希望学校在对跨境电商方向学生培养过程中应该注意对学生跨文化意识的培养。结合学生的学习需求和企业的人才培养需求，笔者认为《商务英语》不仅要提高单纯的英文水平，还应该培养学生的跨文化交际能力。跨境电商的客户群来自世界各地，涉及不同国家文化背景。跨越文化障碍，避免文化冲突，是保障跨境电商贸易顺利开展的重要因素。为此，商务英语教师应该在教学内容设计上，加入不同语种的称呼语、介绍和辞别等简单表达以及不同国家的饮食喜好、社会风俗、消费习惯等内容，丰富学生的跨文化知识，提高学生的跨文化交际能力。

（二）课堂教学策略的设计

教学策略的设计是课堂教学设计的中心环节。教学策略是指以一定的教育思想为指导，在特定的教学情境中，为实现教学目标的制定，并在实施过程中不断调适、优化以使教学效果趋于最佳的系统决策与设计。笔者根据 ESP 需求分析结果，提出以下课堂教学策略的设计建议。

1. 落实 EGP（普通用途英语）教学基础上，重点开展 ESP 教学

由于 EGP 和 ESP 具有很大交叉性和重合性，一般英语教学和商务英语教学无法完全分离。进一步说，ESP 商务英语课程应该建立在 EGP 一般英语课程的基础上开展。扎实的英语基础知识是学好 ESP 商务英语的关键。然而，通过对学生英语水平的调查发现，技工学校跨境电商方向学生英语基础普遍比较薄弱，属中

等偏下水平。针对技工学校跨境电商学生的实际情况,《商务英语》教师不应该直接跳过相应章节的 EGP 教学内容,仅围绕 ESP 商务英语进行教学,这样会让本身英语水平不高的学生认为内容太难吃不消。反之,教师应该让学生注重基础知识积累,提高学生听、说、读、写、译综合英语能力。在落实 EGP 教学为基础上,重点进行 ESP 英语教学。

与一般英语不同,商务英语是涉及各种商务活动的 ESP 专门用途英语,在词汇、句型、语篇特征上具有明显的专业性的特点。因此,ESP 教学也要体现专业性这一特点。例如,在商务英语词汇方面,学生在实际工作场景经常使用缩略语、专业名词、正式用语及使用新词等。跨境电商人员在实际工作经常用 QS(质量标准)、IM(进口)、BIZ(贸易)、WK(星期)、NU(新的)等缩略词。另外,在跨境电商贸易过程中,如果涉及商务电函沟通,电函应行文简洁、具体、准确且表达委婉,并且经常使用套话。《商务英语》教师应该以跨境电商行业为依托,引入真实的教学材料,在落实 EGP 教学基础上,重点开展 ESP 专业教学。

2. 采用多样化教学方法

(1) 合作学习

合作学习,通俗来说,可以理解为分组教学法。合作学习将单个的学习个体通过自由组合或者教师干预组合的方式结合成一个个两人以上的学习小组。合作学习是互助互爱、互教互学的互补学习过程。合作学习的过程中,团队成员面对荣耀或挫折时候共同进退,同甘共荣。合作学习让学生在团队归属感的带动下增加自我效能感,提高自己的学习能力和协调能力,对促进学生全面发展起着关键作用。例如,技工学校的学生普遍自主学习的意识较差,有时甚至出现迟到、缺课的现象,部分同学由于担心自己的表现导致团队其他成员扣分,因此不缺课、不迟到,所以说合作学习对学生起到一定的鼓励和约束作用。

(2) 情境教学法

情境教学法是商务英语教学中较常用,也是被学生喜欢的一种教学方法。情境教学法是指教师根据教学目的和教学内容,为激发学生的学习兴趣、唤起学生的学习激情,有目的地创设形象、生动、有趣的学习场景,设置系列教学活动的过程。通过情境教学,使学生能够更具体、直观地体会商务工作场景,更好地将已有知识与新授知识在实践中融合,大大激发了学生的求知热情和学习兴趣。在实际教学过程中,教师应该根据教学内容选择符合学生实际情况的情境创设方式。常用情境创设的方式有以下几种:①以实物或者实际工作场景为依托的实体情境。实体情境有助于学生实在地感知真实环境,加深学生对于新授知识的印象。②模拟情境。通过角色扮演、多媒体视频播放、跨境电商平台操作等方式模拟真实工作场景,让学生代入买家、电商客服、网页优化师等身份参与到真实贸易流程,提高学生的实际工作能力。③教师情境。让学生担任教师这一角色,根据教学目标对教学内容进行备课、讲解,从课程准备到课堂讲解的过程有助于学生对知识的梳理,便于掌握。总之,教师在使用情境教学法的时候,应该结合学生需求分析和教学内容实际综合考虑,科学合理安排教学,保障得到最优化的课堂教学效果。

3. 提倡联合授课的教学模式

根据 LMST 学校跨境电商方向教学计划得知,跨境电商方向的学生除了《商务英语》这门专业核心课外,还开设《网店推广技巧项目》等专业课。根据对学生的访谈结果,笔者试图将《商务英语》教材与跨境电商方向其他专业课的教材进行比较,经对比发现,《商务英语》的教学教材内容与其他中文专业课部分章节内容有许多共同点,在某一程度上,可以理解为对应章节的英文版介绍书籍。为了学生能够更好地把商务英语知识与跨境电商专业知识相结合应用于真实工作场景中,为此笔者认为应该提倡专业教师与商英教师联合授课的教学模式。这样一来,学生可以通过一线课堂将商务英语与专业跨境电商知识融为一体,减少了中间"消化再转化"的环节,有利于学生更直观、更真实地掌握教学内容。

笔者提到的联合授课的教学模式,是指商务英语任课教师根据教学内容需要,选择相应的跨境电商专业教师共同完成课堂教学的过程。联合授课前,《商务英语》任课教师应该与相应专业教师联系,共同备课并确定主讲教师和辅助教师的工作分工。这样,学生用相同的课堂时间,却达到双重的学习效果。除此,联合授课的教学模式在促进学生高效学习的同时,更有利于教师之间进行优势互补,提升师资水平。综合以上原因,笔者认为在跨境电商方向学生的教学过程中,应该提倡联合授课的教学模式。

（三）课堂教学环节的设计

课堂教学环节设计是指教师在课堂教学过程中，具体对于各个教学环节的设计与处理。课堂教学环节设计得好坏，直接影响着课堂教学效果。根据 ESP 需求分析调查显示，学生对《商务英语》课堂教学环节满意程度不高，超过七成的学生认为目前的课堂教学环节有必要进行改进。因此，《商务英语》任课教师应该重视教学环节的设计，力求在有限的教学时间内提高课堂教学的成效。综合分析调查结果对课堂教学环节设计提出几点建议：

1.根据实际情况，适当调整教学环节

根据笔者了解，当前《商务英语》课堂教学环节主要以"传递—接受"为主，主要分为"课程导入、知识新授、探究学习、巩固展示、总结拓展"五大部分。由于教学时间、教学内容、教学方法及课型（新授课、复习课、练习课、综合课）的不同，课堂教学环节也是灵活可变的。教师应该根据实际教学情况，对实际教学环节进行适当调整。例如，在练习课上，由于练习课一般内容比较枯燥，根据技工学校学生的特点，教师可以增加"课前热身"和"课后拓展"环节。这里所说的"课前热身"可以是列入学生综合评价的延续性的教学环节。

2.以学生为中心，精心设计每个环节

以学生为中心，精心设计、合理安排每一个教学环节是课堂教学是否成功的关键。那么，教师应该怎样精心设计每个教学环节呢？在教学环节设计之前，教师应该根据学生的 ESP 需求分析确定好每堂课的教学目标，再根据拟定的教学目标，剖析教材，从而生成课堂教学内容。教学目标和教学内容的确定应该以学生为中心，以适用为度。首先是"课程导入"环节，巧妙地"导入"可以调动学生新的学习兴趣，是课堂教学的效果保障。"课程导入"的方法灵活多变，可以选择音乐、画面、视频、实物、游戏、问题导入等方式。接着，从"课程导入"到"知识新授"环节，教师应该注意教学环节的过度与衔接。在"知识新授"环节中，教师应该尽量避免"一言堂""满堂灌"的教学方式。教师应该以学生为中心，根据教学内容设计相应的教学活动。例如，可以通过对教学内容中知识点的提炼形成商务情境剧本，让学生通过情景剧排练而达到学习目标；也可以将教学内容细化成一个个小任务，采取情境教学法，让学生以团队方式自选任务代入教师角色，对相应知识进行讲解。

3. 充分利用教学媒体，活化教学模式

教学媒体是指在教学过程中所涉及的、需要的各种工具。皮连生、刘杰认为，教学媒体可以分为传统教学媒体和现代教学媒体两种。其中，传统的教学媒体是指教科书、黑板、粉笔、挂图、标本、模型、实验演示装置等；现代教学媒体包括幻灯、投影、广播、录音、录像、电影、电视、计算机等。随着"互联网+"时代的到来，众多新型的教学媒体应运而生，对于课堂教学环节设计、教学手段多样化等起到添砖加瓦的作用。

（四）课堂教学评价的设计

课堂教学评价指课堂教学过程中对学生的学习行为、学习效果、目标达成等方面进行的评价。科学、合理课堂教学评价方式是促进课堂教学目标实现的重要保障，也是激活学生思维的有力措施和方法。从对《商务英语》教学评价的调查中可知，任课教师主要采取期末测验成绩这一终结性评价方式来评价学生的商务英语水平，大部分学生表示这种教学评价方式过于单一，需要改进。为此，根据笔者工作经验与实际情况结合分析，笔者认为《商务英语》课堂教学评价需要注意以下方面：

1. 形成性评价与总结性评价结合

据调查结果显示，大部分学生认为《商务英语》任课教师主要以期末测验成绩作为评价学生商务英语水平的重要根据。以期末测验成绩作为评价依据属于总结性评价，总结性评价主要反映学生的学习成果，难以体现商务英语应用的综合水平。笔者认为《商务英语》课堂教学评价采用以形成性评价和总结性评价相结合，以形成性评价为主的教学评价模式，既关注学生的知识技能的掌握情况，也要关注学生在语言实践活动中表现合作精神、情感态度、自主学习能力等方面。形成性评价是对学习过程的评价，学生在平时学习过程中的表现、所取得的成绩和在此过程中情感、态度等方面的体验和发展，其表现形式有课堂口头评价、教师观察评价、小组活动评价、项目实训评价等。总结性评价指的是对学生某一阶段学习的语言知识、语言技能的学习结果进行评价，其表现形式有期末考试、期中测验等。简单来说，形成性评价是学习过程评价，而总结性评价是学习结果评价。

2.教师评价与学生评价相结合

为了教学评价结果更加全面准确,《商务英语》教师可以采用教师评价与学生评价相结合对学生的学习情况进行科学评价。教师评价的方法有很多种,例如课堂口头评价、观察记录、测验、考试等。在课堂教学过程中,教师应该根据学生实际情况选择相应评价方法对学生的学习情况进行科学评价,旨在通过课堂教学评价改善课堂教学和学生学习现状。由于技工学校生源结构的特殊性,学生普遍的英语水平较低,因此笔者认为教师评价应以激励手段为主,通过语言表扬、动作示意、加分奖励等方式给予学生一定的鼓励,提高学生自主学习的积极性。另外,教师对课堂教学评价结果实时反馈,随时发现问题,随时解决问题。

社会建构主义理论支持教学评价的主体除了教师,还有学生本身,学生应对自己的学习过程和学习成果进行合理的评价。学生自己参与教学评价增强了学生主体意识,发挥学生的主观能动性,有助于学生及时反思自己的学习行为,进而自我完善,避免了传统教学评价中教师单方面评价的片面性。除此之外,教师还可以设计同伴互评、小组互评等方式,让学生以不同身份参与评价,鼓励学生互相评议,互相补充,互相监督。

第九章 跨文化视域下高校英语教学的新发展

随着时代的进步，经济与社会的迅猛发展，高校英语教学也不断与时俱进，因为只有不断更新与发展才能跟上时代发展的步伐。在跨文化视域下，高校英语教学的新发展表现在很多方面，如教学模式的创新、线上线下混合式教学模式的实施、学生自主学习能力的培育和养成等。基于此，本章就对这几大层面进行分析和探讨。

第一节 创新教学模式

一、慕课教学模式

（一）慕课教学模式简述

1. 基本内涵

慕课英文简称为 MOOC，全称是"大规模在线开放课程（Massive Open Online Courses）"。慕课教学源于美国，在短短数十年间，被全世界广泛运用。慕课这一模式是由具有分享与协作精神的个人组织而成，将优异课程予以上传，让世界各地的人们可以进行下载与学习。

从形式上说，慕课教学就是将教学制成数字化的资源，并通过互联网来教与学的一种开放环境。本质上看，慕课教学是一种与传统课堂相对的课堂形式，因为其基于互联网环境而发送数字化资源，实施的是线上教学。学生完成了网上课程学习之后，通过在线测试，可以获得证书或证明。

一般情况下，慕课教学的要素包含以下四点：具有完整的教学视频，并且一般时间设置为 6~10 分钟；具有完善的在线考试体系，往往可以实现过程考核与个性考核；具有一定量的开放性话题，可以集中学生的学习兴趣与积极性；具有PPT、电子参考教材、模拟试题与解析等其他辅助资源。

基于这些要素，慕课教学需要教师与学生之间的互动，如教师对信息的发布、回答学生问题等。慕课教学本身为学生提供了学习的数据，教师和学生都可以通过数据，对学习状态进行分析，进而改善自身的学习情况。

2.具体分类

根据蔡先金等人所著的《大数据时代的大学：e课程 e教学 e管理》一书，慕课教学模式一般划分为如下两类：

（1）基于内容的慕课教学模式

基于内容的慕课教学模式主要强调学生对内容的掌握，往往会通过总结性评价、形成性评价等形式，对学生的学习结果进行评价。当然，其对于学习社区也非常看重。这一模式构建了很多名校的讲课视频，同时设置了专门的测试平台，学生可以免费学习，并获得证书。

（2）基于任务的慕课教学

基于任务完成为主的慕课教学模式即侧重于研究学生完成任务之后对知识与技能的获取情况。学习根据步骤来开展，学生才能采用符合自己的学习方式，不受其他条件的约束和限制。通过对文本材料或录像材料等的阅读与观看，学生对学习成果予以共享，并通过音频、视频设计等将自己的某一项技能展现出来。这种就是以完成任务为主的慕课教学模式的体现，其对学习社区的研究也非常看重，因为社区是将学生学习案例与设计展现的地方，有助于学习内容的传授，其并不关注学生学习的结果，也不对学生展开评价。

但综合来说，上述两种模式具有如下几点特征：

其一，慕课课程的设计与组织是基于网络建构的。

其二，慕课课程的设计不仅涉及课程资源、视频等，还涉及学习社区等。

其三，慕课视频一般为8~15分钟。

其四，学生可以自由选择慕课课程的学习内容。

其五，慕课课程的设计对象是大规模的，面向大多数学生，且设置的学习目标也是多样化的。

其六，慕课课程的设计具有交互性，且是开放的、不断创新的。

（二）实施高校英语慕课教学模式的意义

英语慕课教学在英语教学中的运用必然会导致教学方式与理念的变革。这就是说，慕课教学对当前的英语教学具有重大的作用，具体表现如下：

1. 真正实现了教学的针对性

基于传统的英语教学模式，高校英语教学常采用大班授课的方式，由于教师面临的学生众多，很难详细了解学生的个体情况，更难以开展有针对性的教学，对此教师不得不以单一的标准进行统一授课，从而限制了学生的个体发展。而慕课教学模式有效地解决了这一问题，由于慕课关注学生个人诉求，通过慕课教学，学生可以根据自己的爱好、学习水平等选择适合自己的学习内容，真正实现了教学的针对性。

2. 凸显学生的主体地位

慕课要求学生在上课之前就完成相应的预习，在上课过程中由教师来答疑解惑，课后要求学生完成相应的巩固练习，无论是课前还是课后的作业都进行量化，计入总分。慕课中教学模式改变了传统课堂教学中的师生角色，教师不再霸占整个课堂，而是成为学生学习的引导者和帮助者，学生也不再是被动的接受者，而是成为教学的主体。在各种作业的推动下，学生积极探索，变为主动的学习者，学习的参与度也显著提高。

3. 扩大学生自身的知识储备

在我国，高校英语教学主要是通过课堂教学的形式展开，面对繁重的课业压力与紧张的教学时间，课堂教学所能带给学生的英语知识实在有限。而慕课教学以网络为平台，为学生提供了更为丰富的知识储备，方便学生及时更新自身知识。同时慕课的在线课程还包含在线论坛与小组讨论，极大地提高了学生的学习兴趣从而提高了学习效率。

4. 让学生能够充分利用碎片化时间

慕课教学的视频一般时间不会太长，多在10~15分钟，短时间的学习能够使学生集中注意力，高效率地进行学习。慕课教学模式不存在时空的限制，学生可以对自己的学习进度加以自主安排，充分利用碎片化时间，对于不理解的知识内容可以反复观看视频学习,最大限度地利用教学视频学习。

5. 为学生营造良好的学习环境

良好的英语学习环境能显著提升学生的英语学习效率,但是目前的高校英语教学中仍缺乏利于学生学习的英语环境,这对学生学习效率的提高起到了阻碍作用,而英语慕课教学模式可有效弥补高校英语教学的不足之处。慕课的应用依赖互联网技术,具有很强的交互性,在慕课学习中,学生和教师能够随时随地沟通,双方的交流不受时间和空间的限制,而学生与学生之间也可以彼此交流和分享学习经验,进行合作学习。此外,通过慕课学习,学生可以与世界各地的学生聚集在一起学习英语,相互之间开展交流和讨论,这样不仅能营造良好的英语学习氛围,还能接触地道的英语,提高跨文化交际的能力和综合英语素质。

(三)实施高校英语慕课教学模式的方法

一般来说,在高校英语教学中,慕课教学往往会通过如下几个步骤来展开:

1. 重构课程模式

基于慕课的高校英语教学属于在线教学模式,有着传统英语教学所不具备的优势,但本身也存在一些无法避免的缺陷,如师生之间无法面对面交流,这使得教师无法分辨学生,也不可能彻底做到因材施教,只能根据大部分学生的学习情况来讲解内容。这就要求慕课教学要与传统教学有机结合,采取优势互补的方式重构英语课程教学模式,实现二者的资源整合,以提高高校英语教学效果。

两种教学模式有效结合的方式是教师以传统的课堂教学为主、慕课英语教学为辅的形式来开展教学,以课本的知识为主要内容,同时辅以慕课教学模式,充分利用慕课所拥有的海量教学资源进一步丰富教学内容,对课本知识进行延展,使学生根据自身的实际情况进行自主学习,扩展知识面。在教学中,要将学生置于课堂教学的主体位置,进行师生之间的交流活动,针对学生的具体问题进行解答,帮助学生理解和学习;在课下,教师可以通过慕课平台对学生进行知识的拓展和补充,以满足学生不同层次的需求。此外,教师可以通过慕课模式布置课后作业,并通过网络实时监控学生的完成情况。

2. 科学制作教学视频

慕课是通过视频来传达内容的,所以教学视频是慕课教学的基础与核心,教学视频的质量直接关系着慕课教学的最终效果。对此，教师在运用慕课进行高校英语教学时，应针对学科的特点，精心地制作视频，不仅要控制好视频的长度，同时要科学、精致地安排视频内容。对于视频的长度，通常维持在10分钟左右，视频时间太短将无法充分展现教学内容，视频时间过长则会使学生产生倦怠心理。要将教学视频贯穿于慕课教学的始终，课前通过慕课视频向学生提出疑问，提高课堂教学的针对性；课中可用慕课视频来加强学生的理解和记忆；课后让学生通过慕课视频加以复习和巩固。慕课视频的内容要具有针对性，突出教学的重点和难点，使学生进行针对性的学习。

3. 完善课程评价体系

课程评价体系是教学的重要环节，是促进学生投入学习的重要手段。学生是否重视一门课程的学习，很大程度上源于这门课程在课程体系中所占的地位和比重。因此，要想促使学生积极地投入慕课学习，就要加大慕课在课程中所占的比重，提升其在课程体系中的地位。例如，教师要求学生根据自身的情况进行一个或多个慕课课程学习时，需要针对慕课课程安排平时作业，并将平时作业的完成情况纳入平时成绩中，将慕课的期末成绩纳入学生的期末成绩中，以调动学生学习慕课的积极性。

此外，完善课程评价体系，还应建立完整的慕课教学考核制度。首先，根据英语教学标准，对学生的英语综合能力进行考核。其次，对学生的学习态度及能力进行考核，并检查学生的自主学习效果。再次，考核学生的慕课知识学习情况，包括学习时长、任务完成情况、学习效果等，增强学生的英语实践运用能力。

4. 教师积极发挥作用

慕课在高校英语教学中的作用不言而喻，但是慕课教学模式尚有待完善，需要教师参与相关的培训，而且学生水平各有差异，需要教师实施有针对性的教学。因此，在慕课教学模式中，教师依然扮演着很重要的角色。首先，教师应该积极探索能够激发学生主动性和积极性的慕课课件。其次，教师需要对学生的基本情况有一个清晰的了解，保证慕课课件能够被大多数学生理解和把握。最后，教师还需要了解不同学生的自主学习能力，锻炼学生的心理素质，使他们尽快适应这种新型的教学模式。

二、微课教学模式

（一）微课教学简述

1. 基本内涵

关于"微课"，目前还未形成一个统一的概念，下面介绍一些有代表性的关于微课的观点。

最早提出"微课"这一概念的是学者胡铁生，他通过借鉴慕课的定义，认为微课即微课程的简称，即以微型视频作为载体，针对某一学科的重难点等教学知识点与教学环节来设计一个情境化、且支持多种学习方式的网络课程。

此后，胡铁生对这一观点进行了改进，认为微课是根据新课程标准及课堂教学的实际情况，以教学视频作为载体，对教师在课堂中针对某一知识点或教学环节而展开的精彩教学活动的有机结合体。

郑小军、张霞则认为，微课不等同于课堂上的实录，而是从某个重难点出发创作的视频，即微课聚焦了重难点问题，且将那些有干扰的信息排除掉。

上述学者的概念是非常具有针对性的，在一定程度上将微课的特征反映了出来。笔者对于胡铁生的定义更为推崇，认为从本质上说，微课是一种支持教与学的微型课程。

2. 具体分类

当前，在微课教学中，有几种模式是比较常见的。但是这几种模式的构成要素有着较大的差异，都有各自的特点与语用范围，下面就对这几种模式展开详细的论述。

（1）非常4+1微课资源结构模式

非常4+1微课资源结构模式在教育部组织的全国高校微课教学比赛中是被极力推崇与倡导的模式，这一模式主要由五个要素组成。

非常4+1微课资源结构模式中，"1"代表的是微视频，占据着最核心的地位，是核心的教学资源；其他四项包含微教案、微课件、微练习、微反思，都是围绕微视频这一核心建立起来的，并配合这一核心完成教学过程的构建。因此，"4"是指与微视频关系最为密切、并与之配套的四种资源，即上面提到的微教案、微课件、微练习、微反思。这一模式的结构非常简单，但是适用性非常强大，对于那些独立的、内容简单的微课设计具有重要的借鉴意义。

（2）123微课程教学运作模式

通过微课、微课程、慕课、翻转课堂等模式的研究，并考虑现在国内外中小学等的学习情况，构建了123微课程教学运作模式，这里的"1"指代教学活动应该以微课程为中心。一般情况下，一门微课程中包含20~30节微课，那么这20~30节微课视频就可以称为一组。

这里的"2"指代教师根据两套教案，对微课程进行组织的教学活动。其中，以微课教案来组织微课视频设计，以翻转课堂教案组织具体的学习内容、课程结束之后学生的自主学习等。

这里的"3"指代学生根据三组资料展开自主学习，从而提升学习的效果。其中导学案指导学生课前学习、课中学习与课后学习；助学资料指导学生创新与探索，解决学习中的疑难问题；内化训练包含微课平台中进阶式的训练与检测，还包含一些创新课题研究等，便于知识的内化与迁移。

这一教学模式具备如下三个特点：

（1）运行模式分别考虑到教师和学生两大主体的活动内容和关联要求，使微课程教学运行有机统一，不会产生割裂。

（2）两个教案均以微课视频为核心且各有侧重点和目的性，构建了一个微课程的系统性、完整性的教学方案。

（3）指导学生自主、有序和科学地进行学习的三组教学资料密切配合，使不同基础的学生都能得到相应的支持和帮助，减少因学习差距过大引起的恶性循环，促进全体学生能同步提高学习业绩。

（二）实施高校英语微课教学模式的意义

在高校英语教学中运用微课开展教学，可以为学生创造直观而且优良的教学环境，能让学生将全部精力放在英语学习上，对于英语教学而言意义重大。具体而言，微课在高校英语教学中所发挥的作用体现在以下几个方面：

1.顺应了时代的发展要求

互联网技术的发展，使得人们更加方便地接收信息。随着互联网进入微时代，微视频、微信、微博等逐渐兴起，并成为人们日常生活中的重要部分。就教学而言，学生对手机的关注多于对课本的关注，教师传统的对段落和知识点的讲解方式只会让学生觉得枯燥乏味，对此有些学生甚至不带课本，而是随身携带手机等工具上课。在信息化时代，学生更能接受数字信息化的学习模式，偏向于既简单通俗又富有趣味性的知识信息，而微课作为信息技术发展和教学改革的产物，能有效满足学生的这种学习心理，对于激发学生的学习兴趣发挥着重要作用。

2. 满足不同层次的学习需求

教师在使用微课教学时，会将微视频上传到网络媒体平台上供学生学习，此时那些在课堂上没有记笔记或者存在理解障碍的学生可以根据需要反复观看视频内容，温习所学内容，进而加深和巩固所学内容。

3. 推动了教学模式改革

教育改革的推进深受新型教育模式的影响，高校英语教学改革也在这种模式的推动下不断深化。传统的高校英语教学模式形式陈旧单一，无法满足学生的需求，也无法适应当代社会的需求。通常是一节课中课程讲授量大，往往会超出学生的接受限度，学生多感觉课堂教学无聊乏味，如果使用网络媒体平台发布英语知识点讲解，则会更加受欢迎，因此微课是当代创新性的教学方式，属于知识的传递者，能够满足学生的具体需求。将微课教学运用于高校英语教学，可以加速教学改革，更新教师的教学结构和教学理念，使教师顺应时代的发展和学生的需求，也能让英语教学跟上时代的发展。此外，微课推动着高校英语课程内容和体系的改革，微课通过时代信息技术，整合教学资源，可以扩大教学途径，转换学习视角，丰富教学资源，改革课程体系。

4. 培养学生的自主探究能力

培养学生的自主探究能力是高校英语教学的重要任务之一，因此在高校英语教学中，教师应注重培养学生的这一能力。有效利用网络和微课教学的优势，可显著提高学生的自主探究意识和能力。具体而言，教师在向学生讲解英语课文时，可结合教学中重点内容和课文中出现的不同角色，先播放相关的视频让学生观看，然后对他们进行分组，让学生以小组为单位讨论课文内容，并进行创意表演。通过这一过程，学生不仅积极性被调动，还能积极自主探究学习内容，加深和巩固对课文的内容理解。

5. 创新师生关系

在高校英语课堂教学中，教师普遍使用多媒体进行教学，就是以书本内容为核心，以 PPT 的形式来讲解课文知识。受课堂时间的限制，教师在讲解过程中语速较快，模式单一，大多数学生未能完全掌握课堂知识，而且对课堂教学缺乏兴趣，因此教学效果往往不佳。而在微课教学中，教师的角色发生了变化，其不仅是传授者，也是解惑者和引导者，教师除了向学生提供学习资源，还会指导学生进行有效学习，满足学生不同层次的个性需求，这有利于改善师生的紧张关系，拉近师生之间的距离。

（三）实施高校英语微课教学模式的方法

从当前的文化教学实践分析，微课教学有着广阔的前景。虽然英语文化教学中微课教学的设计是当前关注的问题，但是也不能忽视英语文化教学中微课教学的实施。

1. 构建微课学习平台

英语文化教学中微课教学主要是基于视频建构起来的，同时需要互动答疑、微练习等辅助的模块，这些在之前的英语微课教学的构成中有详细提及。这些模块的构建对于学生文化学习兴趣的提升、教师信息化应用能力的提高等都是十分有帮助的。在这之中，微慕课平台是一个较为创新的平台，即运用微课教学展现慕课教学的专业化与系统性，这一平台结构更为灵活、知识含量更高，是一个较好的平台。

2. 开发与共享微课资源

当前的英语文化教学中教学资源设置不平衡的现象日益凸显，而微课教学的出现，使得教学资源可以通过互联网传送到各个地方，便于各个地方及时更新与推进，实现真正的资源共享。

3. 提升微课的录制技术

英语文化教学中微课教学要求录制技术较高，且尽可能保证简单化，使教师便于执行，同时不断提升自身的录制技术。

另外，微课视频研发人员也应该不断对技术进行提升，追求卓越的技术，使得英语文化教学中微课教学的实施得到更大范围的推广。

三、翻转课堂教学模式

随着教学过程的颠倒，教与学的流程、责任主体、师生角色、课内外任务安排、学习地点和备课方式等方面都发生了明显变化。与传统意义上的课堂教学结构相比，翻转课堂颠覆了人们对课堂模式的思维惯性，改变了学生的学习流程，从新的角度揭示了课堂的新形式、新含义。有人认为，"翻转课堂"打破了持续几千年的教学结构，颠覆了人们头脑中对课堂的传统性理解，倡导先学后教、以学定教，赋予了学生学习更多的自主性和选择性，强化了师生之间的沟通与交流，本质上是学生学习力解放的一次革命。这契合了国家教育信息化发展规划指导思想的核心——创新学习方式和教学模式，它也因此被称为对传统教学模式的"破坏式创新"，成为信息技术与学习理论深度融合的典范。

通过进行定量分析，学习成效金字塔揭示出从简单的灌输式学习到深入体验式学习对学生的影响的转变，也对提高学习效率的途径进行描述，启示学生应该动用自身的多种器官来展开学习。学生只有主动掌握进行对多种知识，他们才能真正地在做中学。

（一）实施高校英语翻转课堂教学模式的意义

翻转课堂教学为高校英语教学提供了新的平台与良好的契机，从本质上体现了英语教学改革的深化，帮助英语教学突破困境，为学生的英语学习提供了便利。下面将具体分析高校英语翻转课堂教学的意义。

1. 使教学更加直观和简单

在传统的高校英语教学中，教师的教学内容主要是以课本为主，呈现方式也是以板书为主，这种教学方式对于学生来说不仅不够直观，还不利于其理解相关知识。如果仅限于传统的课堂教学模式，根本无法有效培养学生的英语运用能力。翻转课堂通过借助多媒体技术，将相关的图片、音乐、视频等融入教学视频，使得原本晦涩难懂的英语知识变得直观和简单，也使得原本沉闷的课堂教学变得生动活泼。

2. 使教学更具多样性和趣味性

用于翻转课堂的教学视频的制作对教师的专业能力有着很高的要求，要求教师所制作的视频内容简洁、形式多样、幽默丰富等。基于这些要求和特点，翻转课堂有效增添了高校英语教学的趣味性，不仅能创造良好的学习环境，还能有效激发学生的学习兴趣。此外，很多的翻转课堂教学视频涉及的内容十分广泛，包括英语音乐、英文电影、英语小说等，这些内容与课程教学息息相关，使得教学形式生动形象，更加多样化。

3. 能够提升学生的主动意识

在翻转课堂教学中，师生之间互动频繁，学生的主观能动性被充分调动，学生掌握着学习的主动权。基于翻转课堂教学模式，学生可以根据教师提供的资源先进行自主学习，还可以在课堂上与教师展开学习方面的探讨，进一步深化与掌握知识内容，这有效体现了学生的主体地位，而且逐渐淡化了对教师的依赖性。

4. 加深学生之间的互动

翻转课堂改变了传统教学模式中师生之间的相处方式，翻转课堂中，教师与学生之间形成了一对一的交流。如果学生对某一知识点存在质疑，那么教师可以将这些学生集中起来，对他们进行特别指导。另外，在翻转课堂中，教师不再是学生知识的唯一来源，学生与学生之间还可以进行互动学习。

5. 促使学生反复学习

在传统的高校英语教学中，教师不可能兼顾所有学生的需求和感受，只能按照教学大纲要求和按步骤统一进行授课，这就会使部分学生跟不上教师的节奏，无法有效掌握课堂教学内容。而翻转课堂教学可以有效解决这一问题，在翻转课堂中，学生可以随时暂停、重放视频，直到自己看懂、理解为止。

（三）实施高校英语翻转课堂教学模式的方法

翻转课堂作为一种颠覆传统课堂的教学模式，其教学设计过程当然不同于传统教学设计过程。虽然国内外出现了各种各样的翻转课堂教学，但它们都建立在课程资源、教学活动、教学评价和支撑环境这些要素的基础之上，因而翻转课堂教学的设计也是以此为依据的。

1. 教学过程的确定与设计

美国创新学习研究所（Innovative Learning Institute，以下简称 ILI）提出了翻转课堂设计流程。ILI 认为，翻转课堂的设计过程主要包括确定学生课外学习目标、选择翻转内容、选择内容传递方式、准备教学资源、确定学生课内学习目标、选择评价方式、设计教学活动、辅导学生八个主要环节。

（1）确定学生课外学习目标

在英语文化教学中翻转课堂教学过程的设计首先要确定学生的学习目标。翻转课堂使得课内教学和课外教学进行了颠倒，学生总共需要完成两次知识内化过程，第一次知识内化是在课外自主学习新知识，第二次知识内化是在课内完成的。显然，课内和课外对学生的要求是不同的，学生需要在课内外实现不同的学习目标。

（2）选择翻转内容

当确定了翻转课堂的课外学习目标后，就要结合学生本身的认知规律和特点去选择课外自主学习的合适内容。课外学习目标主要是低阶思维的目标。

（3）选择内容传递方式

选择内容传递方式是指确定学生的自主学习内容通过什么媒体工具表现出来。教师要结合所持有的接收设备情况、学习者的地理位置、学习内容的形式和资源大小等因素，选择与学生开展个性化学习，其中个性化学习具有传递内容形式丰富、传递速度快、获取内容方便的传递方式。

（4）准备教学资源

在确定了学习内容及其传递方式后，就可以搜集相关的网络学习资源供学生学习，或者开始制作、开发新的相应的学习资源。在该环节中需注意，无论是利用已有的学习资源还是自己开发新的学习资源，均需与先前确定的学习内容保持一致，并且资源的形式、大小等要求也需要和传递工具相匹配。

（5）确定学生课内学习目标

第一环节确定的是课外学习目标，是针对低阶思维技能的学习目标；而本环节确定的是课内学习目标，是针对分析、评估和创造等高阶思维技能的目标。因为在课外学生能参与的更多是培养其识记、理解和应用等的学习内容，而在课内学生是通过与同伴和教师面对面地交流、讨论和开展协作探究等活动。所以，这一环节的学习目标与第一环节的学习目标有所不同。

（6）选择评价方式

在教学正式进行前，教学中的主体者和主导者，即学生和教师都要对课堂教学活动提前做好充分的准备。对于教师而言，选择一种合适的评价方式非常重要。低风险的评价方式应该是教师的理想选择，它是指不对学生的评价结果进行分数、等级的评比，而仅作为发现学生学习问题的一种教学评测方式。通过低风险的评价方式，教师可以发现学生学习真正的难点，以便教师和学生调整教学计划和学习计划。低风险的评价方式有很多，其中一种就是常用的课前小测验，这些小测验的题目量并不多，一般只有3~4个问题，针对的内容是学生在课外自主学习的内容，其不仅仅是检测学生在课前学习的事实性知识，更重要的是为学生提供一个综合应用所学知识的机会。通过课前小测验，教师能够及时地把测验中出现的问题反馈给学生，学生也可以向教师提出自身遇到的问题，并通过与教师交流促进问题的解决。

（7）设计教学活动

如前所述，课外的学习内容和活动主要帮助学生解决识记、理解类的知识，在课内则是帮助学生解决学习难点，并充分应用所学知识，学习更深层次的内容。当通过课前评价了解到学生真正的学习难点后，教师需针对性地设计具有导向性的课堂教学活动，以便更好地培养其分析、评估和创造等高阶能力，可采用如基于项目的学习、基于问题的学习、协作探究学习等形式。

（8）辅导学生

教师作为教学的主导者，在各种形式的教学活动中都要充分发挥自身的主导作用，只有这样才能取得良好的教学效果。具体而言，在学生进行教学活动时，教师需提供相应的脚手架，为学生更好地开展活动提供必要的支持。另外，在必要的时候，教师还应该对某些理解学习内容和活动有困难的学生提供个性化的辅导。在整个学习活动中，教师需对提出疑问的学生给予及时的教学指导，在学生汇报学习成果或学习结束后，教师要进行统一的总结反馈，以促进学生进行知识的内化和升华。

2.教学资源的选择与开发

（1）支持信息化教学资源

广义的教学资源是指用于教与学过程的设备和材料，以及人员、预算和设施，包括能帮助个人有效学习和操作的任何东西。而随着信息技术的发展，信息化教学资源的概念就出现了，它是指在以网络和计算机为主要特征的信息技术环境下，为教学目标而专门设计的或者能为教育目标服务的各种资源，包括教育环境资源、教育人力资源和教育信息资源。

随着信息化资源的发展与教育应用，翻转课堂教学理念才得以提出。从上述翻转课堂的完整过程可知，支持翻转课堂需要用到的信息化教学资源主要包括教学视频、进阶练习、学习任务单、知识地图和学习管理系统五大类。

翻转课堂教学的实施，不仅需要上述教学资源作为主要资源，还需要借助一定的教学辅助工具软件，该类教学资源几乎贯穿于翻转课堂的全过程，其作用主要是帮助教师进行教学视频的制作、师生间开展交流协作、学生学习成果的展示等。按照作用于翻转课堂教学开展过程中的不同方面，可以将教学辅助工具分为视频制作工具、交流讨论工具、成果展示工具和协作探究工具四类。

（2）遵循资源选择的基本原则

翻转课堂的资源包括教学视频、进阶练习、学习任务单、知识地图、学习管理系统和各类教学辅助工具等。每一类资源都不是完美的，不存在放之四海而皆准的资源。每类资源都各具特点，并且每类资源可供选择的具体资源种类、载体类型众多，因此教师应根据教学实际情况选择合适的翻转课堂的教学资源。一般而言，翻转课堂教学资源的选择需遵循最优选择原则、具有较强兼容性、多种媒体组合。

最优选择原则是指教师根据教学内容和教学目标的要求，选择存储和传递相应教学信息并能直接介入教学活动过程中的载体，就是选择教学资源。

具有较强兼容性是指当众多便携式的移动智能终端在高校英语教学中广泛应用以后，高校英语教学不仅变得更加高效，还发生了一场变革。在这种情形下，翻转课堂理念变得普及起来，翻转课堂的应用也得以在更大范围内开展。翻转课堂实施的普遍现象是，学生利用各类移动设备，如平板电脑、智能手机等进行课外自主学习，课内教师利用移动终端设备进行授课。因此，资源载体的改变，迫使资源的形式也做出相应的改变，要求其必须兼容各类学习终端设备，在各类终端设备中都能流畅运行。

多种媒体组合是指翻转课堂教学真正做到了以学习者为中心，这对后期的教学资源的选择也有着一定的指导作用。在选择教学资源时，教师应该考虑学生的兴趣、生活现实，尽可能选择丰富的教学资源形式，即有机结合文字、图片、声音、视频、动画等多种媒体形式。

3．设计英语教学活动

根据前面所述的翻转课堂的完整过程，翻转课堂教学活动设计包括课外活动设计和课内活动设计两个部分。

（1）设计课外学习活动

翻转课堂的课外学习活动一般属于线上活动，主要包括以下几类：

一是在线学习。在课外，学生通过阅读相关的电子书籍、资料或观看教师提前准备好的讲授视频，掌握并理解课程中重要的信息。在线学习主要有阅读电子教材和观看教学视频两种形式。有时为了加深学生对信息的理解，在线学习的材料还附加一些引导性问题、反思性问题、注释、小测验等，用于辅助学生进行自主学习。

二是交流讨论。通过在学习管理系统中开辟一个专门的讨论区，或借助专门的在线交流工具，教师和学生以课外学习内容为主题展开交流和讨论。讨论主题既可以是教师预设的，也可以是由学生创设。这样一来，一种师生在线辅导和学生与学生组织学习的学习模式就形成了。借助这种学习模式，学生掌握学习内容的速度较快，并且掌握的层次较深，从而为课内的学习活动做好准备。

三是在线测评。在学生完成了新知学习的任务后，可以进行在线测评。在线测评一般采用低风险、形成性的评价方式，不仅检验了学生的学习成果，还提供一个学生反馈问题的机会。通过在线测评，教师和学生在课内教学活动开展前针对问题提前做好准备。

（2）设计课内学习活动

根据翻转课堂的特点，影响翻转课堂教学效果的最大因素是如何通过课堂活动设计完成知识内化的过程。在设计课堂活动时，关键要看情境、协作、会话等要素是否有利于学生主体性的发挥，从而促进学生达到高阶思维能力的目标。课内学习活动一般可以分为个体学习活动和小组学习活动。

四、多模态交互教学模式

（一）多模态交互教学模式简述

1. 基本内涵

从语言学习的特点出发，20 世纪 90 年代，西方学者提出了多模态话语理论。这一理论指出，语言属于一种社会符号，音乐、绘画等非语言符号对语言意义的生成起着重要的影响作用。各种语言符号与非语言符号模态之间是相互独立也是相互影响的关系，共同生成语言意义。根据多模态语言理论，语言的输入、输出会受到多种符号模态的影响，因此在英语教学中，可以将多种符号模态融合起来，结合音乐、图像、网络等形式，对英语课堂进行丰富，调动学生学习的积极性与主动性，从而交互式地学习英语语言，达到对英语语言的充分记忆以及恰当应用的目的。

在大数据驱动下，教师采用多模态交互教学，可以充分运用网络多媒体等手段，创设各种语言学习情境，让学生真正体会到语言学习的乐趣，多渠道地激发学生的听觉、视觉等感官，为学生提供全方位沉浸式的学习环境，促进学生不断提升自身的语言技能。

多模态交互教学强调采用多种手段，具体来说是运用网络多媒体技术，开展角色扮演、图片展示等多种互动方式，调动学生学习的积极性，将听、说、读、写、译各项技能结合起来，激发他们对学习的兴趣，对旧知识进行巩固，对新知识进行拓展。

2. 基本原则

（1）客体适配原则

在高校英语教学中，师生分别处于教授与学习的主体地位，对应的客体则是教授与学习中使用到的工具，如多媒体、教材等。所谓的客体适配，即根据多模态交互教学的需要，提前选择能够对教学工作加以支持的材料。例如，在听力课堂上，教师需要提前下载一些听力材料，然后运用多媒体进行播放；在阅读课堂上，教师可以为学生推荐一些阅读性强的著作。

当然，日常的教材讲解，需要教师在备课时制作多模态 PPT。从教材内容出发，将其中涉及的重难点知识，在 PPT 上配合动画、图片等加以展示，这能够将教材这一客体的适配性发挥出来，并能够激发学生的学习积极性，提高教师教学的质量和效率。

（2）主体适配原则

如前所述，教师与学生处于教授与学习的主体地位。

就教学层面而言，教师在对多模态符号进行收集与整理的过程中，应该转换自己的身份与角度，尽量从学生的视角出发对多模态符号内容进行选择。例如，所选择的动画、图片等要与当代大学生的认知规律、兴趣爱好等相符合。这样才能使课堂更具有吸引力，进而便于教师展开教学工作。

就学习层面而言，学生需要在接收到 PPT 的模态符号之后，将自己的感官调动起来。例如，当教师在 PPT 上播放听力材料时，学生需要将自己的听觉感官调动起来；当教师在 PPT 上展示图片等内容时，学生需要将自己的视觉感官调动起来。

一般情况下，坚持主体适配原则，对于构建多模态的交互教学模式，提升师生之间的默契度非常有益。

（3）阶段适配原则

英语学习本身是一个循序渐进的过程，阶段不同，学生的水平与理解能力必然也不同。为了更好地将多模态交互教学的优势体现出来，教师在运用这一策略时，需要坚持阶段适配原则。

也就是说，教师要从实际出发，对模态组合的形式与教学模式进行不断的调整。例如，听力部分是高校英语四、六级的重要测试内容，也是学生英语核心素养培养的一项重要内容。运用多模态互动教学模式展开听力教学时，第一阶段需要根据班级学生自身的水平，选择恰当的听力材料，不宜过难，也不宜过于简单。同时，教师需要提前检查一遍，尤其检查里面的信息是否全面，语速快慢是否适中，问题的设置是否合理等。第二阶段是在听力时，教师要时刻观察学生的注意力情况，是否出现眉头紧锁等情况，这样有助于教师对难度加以判断。第三阶段是从听力材料出发来讲解。在不同阶段，这一教学模式实现了音频模态、口语模态、文字模态的多样组合。

二、实施高校英语多模态交互教学模式的意义

在高校英语教学中，网络技术与大数据技术的作用日益凸显，可以说这些技术改变了教育的理念与方式。在大数据背景下，高校英语教学应该充分利用网络与多媒体技术，将多种符号模式如图像、语言、网络等融入教学之中，利用多种模态将学生的各种感官激发出来，以调动学生的学习积极性。

高校英语是高校多种学科中的一项重要的公共基础课，但是对于大部分学生来说，原有的英语课堂是非常枯燥的，导致他们的学习效果也不理想。当前，随着网络与大数据的出现，在一定程度上突破了教学的界限，采用音频、视频、微信等资源开展高校英语教学，这为高校英语教学注入了新的活力，也为学生增添了学习的自信心与动力。

在高校英语教学中，对网络资源的合理运用可以刺激各种感官，让学生参与到学习之中，更深层次地理解英语词汇、语法、语言学等知识。学生只有成为高校英语课堂的主人，主动积极地探索知识，才能够学会更多的知识。

另外，在传统的高校英语教学中，教师提供的信息是非常有限的，很难与学生的个性需要相符合，多模态化网络的融入，可以解决教师的这些问题，教师可以利用大数据资源，为学生创设真实的平台，让学生调动多方感官，自主、轻松地提升个人的语言能力。

互联网已成为教师教学的重要工具，充分利用互联网及多模态教学模式势必对高校英语教学产生巨大的影响和推动作用。

三、实施高校英语多模态交互教学模式的方法

大数据时代的到来为多模态教学引入高校英语教学提供了基本的条件。无论人们身处何方，都可以摆脱时间与空间的限制。对网络资源进行合理的利用，还可以从自身的兴趣与爱好出发，如浏览网页、观看视频等，也可以参与在线讨论，这与高校英语多模态交互教学是相辅相成的关系。

高校英语多模态交互教学作为一种新模式，充满着活力，在大数据背景下必

将日趋完善。那么下面就来具体分析高校英语多模态交互教学的构建策略。

（一）充分利用多媒体资源

多媒体技术被引入高校英语教学中，是高校英语教学的一项重要变革。多模态教学强调将学生的各个感官调动起来，实现英语学习的目标。多媒体课件正是能够将文本、图片、音频、视频等相结合的资源，教师如果制作一个多媒体课件，需要精心的准备，需要从不同的教学内容与任务出发，搜集各种资料，进而进行整理与设计，制作出符合学生的真实的多媒体课件。

学生的阅读对象不仅包含文字与图片，还包含大量的音频、视频、动画等资料。多媒体课件以鲜明的特点、丰富的资源、生动的情境等，将学生的主体性调动起来，让学生在学习中真正成为信息加工的主体。教师在设计教学内容时，可以将电脑、音响等设备利用起来，将学生的多种感官进行刺激，加深他们对知识的理解。

对多媒体课件进行合理的利用，有助于调动学生的多种感官，促进高校英语多模态交互教学，激发学生的学习兴趣与积极性，为他们营造良好的氛围。

（二）建设多模态化英语网络空间

随着网络技术与大数据技术的不断发展，当前我们的"信息高速公路""论坛""校园网"等日益丰富，也被人们熟知，显然，网络时代与大数据时代已经到来。当前，各高校开始对自己的网络空间进行构建。网络空间教学指的是师生运用网络平台，展开师生交互活动。他们可以在网络平台上创设实名认证的空间页面，师生在空间平台上进行学习和互动交流。

实施英语网络空间教学之后，师生之间可以摆脱时空的限制与障碍，在即时问答、论坛等多个项目下展开有效的互动，这样不仅加深了教师对学生的了解，还能够使彼此的关系更为融洽。通过网络空间，教师可以批改学生的作业，学生也能够在规定时间内随时将自己的作业提交上去，实现作业的先交先改、及时反馈。这不仅节省了纸张，还为师生提供一个互动的平台。

当然，网络空间平台发挥作用的关键在于学生能够积极参与，学生需要登录到网络空间中完成作业、书写心得，也可以为其他伙伴分享自己的学习音频、视频等资料，这就让学生真正成为学习的主体。在网络空间平台上，学生将自己的感官调动起来，激发自己学习英语的兴趣，提升自己的学习效果，实现自己的有效学习目的，这也是多模态交互教学有效实施的体现。

此外，网络空间还可以实现资源的共享，最大限度地将英语教育资源呈现出来，实现在线网络授课，所有的教学过程也可以在网络空间得以公开，这能够激发教师的创新意识，真正地实现高校英语教学的全方位改革，促进每一位教师努力建设好自己的教学空间，加强教师与教师之间的竞争，实现师生之间、教师与教师之间的互动。在高校英语教学中，应该营造多模态网络空间，将多模态网络空间教学的效果发挥出来，对多模态网络空间教学活动进行优化，加强其自身的教学特点，努力实现大数据驱动下高校英语多模态交互教学。

第二节 实施线上线下混合式教学

一、线上线下混合式教学模式简述

1. 基本内涵

大数据技术在教育领域广泛应用的大环境下，"教师主导＋学生主体"的教学模式在许多院校盛行。在如今智能手机、平板电脑、网络为时代印记的新技术的时代下，教学模式不仅要求灵活运用以教为主的教学策略和以学为主的学习方式，同时需要整合各种教学资源，要求教师进行相应的角色转变。

依据建构主义、情感过滤假设理论为基础，结合教学实际，从语言知识、语言技能、情感态度、文化意识、学习策略五个维度综合考虑构建了适用于高校的移动平台翻转课堂授课、线上交互式数字课程学习、线下模拟场景实践、过程性与终结性评价结合的四位一体混合式教学模式，并制订了基于网络交互式教学平台的混合式高校英语教学模式图（图10-1）。

从图10-1中，我们可以看到，在这个教学的过程中，教师在教学环节中不再是过去的讲授者或灌输者，而转变为一个帮助者和支持者，教师在课前和课后的准备工作及评价工作中的作用远大于过去，而学生在课前、课中、课后均为学习的主体，这与过去的"老师讲、学生听"教学模式有了很大的不同。

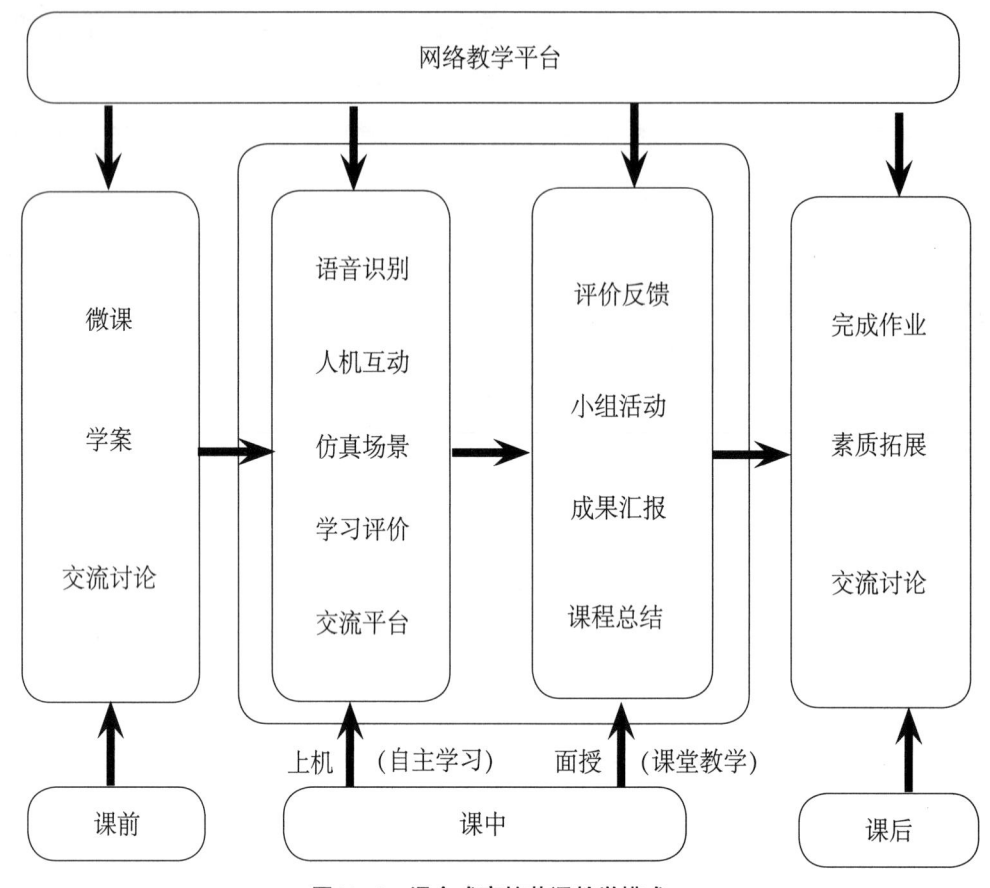

```
                        ┌──────────────────┐
                        │   网络教学平台   │
                        └──────────────────┘
           ↓                ↓          ↓              ↓
    ┌──────────┐   ┌──────────┐ ┌──────────┐   ┌──────────┐
    │   微课   │   │ 语音识别 │ │ 评价反馈 │   │ 完成作业 │
    │          │   │ 人机互动 │ │ 小组活动 │   │          │
    │   学案   │ → │ 仿真场景 │→│ 成果汇报 │ → │ 素质拓展 │
    │          │   │ 学习评价 │ │ 课程总结 │   │          │
    │ 交流讨论 │   │ 交流平台 │ │          │   │ 交流讨论 │
    └──────────┘   └──────────┘ └──────────┘   └──────────┘
         ↑           ↑              ↑                ↑
                   上机（自主学习） 面授（课堂教学）
    ┌──────────┐   ┌─────────────────────────┐   ┌──────────┐
    │   课前   │   │          课中           │   │   课后   │
    └──────────┘   └─────────────────────────┘   └──────────┘
```

图10-1　混合式高校英语教学模式

2. 具体要素

（1）教学环境要素

第一，创建媒体化课程教学环境。将媒体化教学环境应用于课程教学中具有重要意义，在课程教学中，以传统教室为基础，有机组合诸多类型的教学媒体，通过屏幕投影将生动形象的多媒体教学信息如图片、视频、音频等直观呈现给学生，以优化教学过程，提高教学质量。多媒体教室（多功能教室、多媒体综合教室、多媒体演示教室）是课程教学中运用最多的一类媒体化教学环境，也是比较新型的课堂教学系统之一，它集中了很多现代化的教学设备，教师在课堂上运用这些教学设备资源将丰富的教学内容直观的呈现出来，使学生更加直观地掌握教学内容，并加深对教学内容的记忆。

第二，创建网络化课程教学环境。信息化教学的开展也离不开网络化教学环境的支持。教师将网络通信技术、计算机技术充分利用起来，通过文本、信息交互技术、影像等丰富的信息媒体资源而向学生传递重要的教学信息与资源，以促进学生更好地进行自主学习与合作学习，提高课堂双向互动交流的效率和学生的学习效率。常见的网络化教学环境主要有多媒体网络教室、校园网、网络教学平台、远程教育网等。下面根据课程教学主要分析多媒体网络教室与校园网。

目前，多媒体网络教室（多媒体网络机房、计算机网络教室）作为一种新兴网络教学系统，在我国各类学校的应用非常广泛，大中小学普遍都会用到多媒体网络教室。多媒体网络教室属于小型教学网络，由若干台多媒体计算机及相关网络设备互联而成，可以将其作为计算机机房使用，也可以作为多媒体演示室、视听室、语音室使用，这是多媒体网络教室的功能及应用形态的主要表现。要使用多媒体网络教室，必然离不开现代网络技术和多媒体技术的支持。多媒体网络教室在课程教学中的具体应用及功效主要表现在以下几个方面：

优化教学结构，使学生有更多的实践机会。在课堂教学中，多媒体网络教室的软件可作为辅助教学途径，如教师口头讲解时，可用语音对话，示范动作时，可播放图片或视频，使学生看得更清楚一些。多媒体网络教室的设备还有监控功能，当学生自主学习时，教师可以检测学生的学习情况，发现其中的问题，从而对教学过程进行更合理的调控。学生如果在听讲或自主学习中有疑问，可利用电子举手功能向教师提问。教师可以利用辅导答疑功能来对学生进行个别指导，有针对性地解决学生在学习中的个别问题。另外，教师还可以组织学生交流经验，讨论问题，对于普遍存在的共性问题，集体处理。这样可以在一个整体的系统中将诸多环节联系起来，使课堂教学结构更加优化，而且学生在交互式的环境下有更多的机会去实践，学习效果会有所提高。

（2）教学内容

第一，创设情境，使学生在真实情景中掌握和运用知识。在传统英语教学中，往往从具体情境中将英语知识抽离出来，抽离出来的知识是抽象性、概括性的，虽然这样可以将具体情境中的"本质"内容（概念、规则、原理等）体现出来，但知识运用的具体性与情境性却被忽视了，这样学生虽然掌握了知识，却在具体的任务情境中或遇到现实问题时无法运用所学知识，学习结果无法顺利迁移到现实中。要使学习者在建构层面掌握所学知识，也就是不仅掌握知识的表面，也深刻理解知识表面所隐含的性质、规律及相关关系，最好为学习者创造真实或接近真实的情境，使学习者在亲身参与中去感受、体会，获取直接经验，而不是从教师的口头讲解中去获取。

对此，在信息化英语教学设计中，英语教师要重视对真实问题情境的创设或对真实任务的设计，使学习者尽可能在真实的情境中完成所有学习活动。这里要注意一点，真实情境与现实情境不同，不一定要真实客观存在，情境有很多种类型，如基于学校的情境、基于自然或社会生活的情境、想象虚拟的情境、真实现实的情境等，在英语课堂教学中不管是创设哪种类型的情境，都遵循一个原则，就是使学习者能够经历类似于真实世界的认知挑战。

第二，利用学习资源为学生的自主学习和协作学习提供支持。在信息化英语课程教学设计中，要将丰富多彩的信息化学习资源提供给学生，并在学生获取学习资源、分析处理学习资源、编辑加工学习资源的过程中提供引导与帮助，从而为学生的探索学习、分析解决学习中的问题提供支持。有些学生对信息化学习资源不熟悉，也不习惯运用，对此，教师要加强对信息化资源的普及，不断鼓励学生使用信息化资源，使学生充分认识到这些学习资源给其自主学习带来的便捷与好处，然后借助现代信息化学习资源来更好地进行自主学习、合作学习。

第三，为学生提供有效引导、支持。信息化英语课程教学设计强调学习者充分发挥自身的主体作用，主动学习、主动探索，但因为学习者的知识结构还比较单一，认识水平还比较低，也缺乏实践经验，所以在学生自主学习的过程中，教师要适当地进行指导，在关键时刻给予帮助，如为学生提供丰富的学习资源、反复示范正确的技术动作、为学生提供咨询服务、创设问题情境启发学生思考与探索等，对于那些自我调控能力差的学生，尤其要给予引导和帮助，以免学生因不熟悉新的内容或在学习中受挫而消极被动学习，影响学习效果。

第四，强调协作学习。信息化英语课程教学设计强调英语教师要重视设计协作学习方式，具体包括学生之间的协作、师生之间的协作、学生与他人之间的协作、各主体之间面对面的协作以及在计算机信息技术支持下的信息化协作等。协作学习不仅是学习者发展的需要，而且也是社会发展的需要，因此信息化教学设计特别强调协作学习。现在，社会分工的细化趋势越来越明显，知识增长也极为迅速，需要协作配合才能完成的工作越来越多，所以在现代人才的评价中，将协作意识与合作能力作为一个重要判断依据。

从学习者方面来看，不同的学习者有不同的成长经历和知识经验，面对同一知识或问题，不同学习者的理解可能不同，学习者个人的理解可能是存在局限性的，或者说比较片面、肤浅、不充分、不完善，也有可能就是错误的，而通过协作学习，学习者之间相互沟通交流，每个学习者充分表达自己的看法与见解，同时听取他人的不同看法，在这个过程中学会聆听、接纳、互助、共享，在不同观点的碰撞中更好地理解知识与问题，这时的理解比之前个人的理解更充分、全面、完善、深刻。

第五，在学习和研究活动中将"解决问题"和"任务驱动"作为主线。信息化英语课程教学设计强调不要将学习孤立看待，而要将其与更多的问题、任务联系起来，以"解决问题"和"任务驱动"为主线进行学习，学习者主动投入真实的问题情境或人物情境中，以完成学习任务，解决学习问题。英语教师在信息化教学设计中要多鼓励学生结合现实生活探究学习相关问题，将学习者的高水平思维激发出来，培育学生的高级思维能力。很多学习任务与学习问题背后都隐含着丰富的知识与技能，学生在自主学习或合作学习中探索这些知识与技能，在探索中逐渐掌握并学会运用，这有助于提高学生的探索能力。

第六，强调面向学习过程的质性评价。传统英语教学设计习惯上将简单的知识与技能作为评价学生学习成果的唯一标准，这在信息化英语教学设计中是不允许的。信息化英语教学设计强调在英语教学评价中应将师生在课程教学中的所有情况都考虑在内，强调在真实的评价情境下进行评价，主张凡是具有教育意义的过程与结果，都应该对其进行恰当的评价，不论其是否符合预定目标。此外，信息化英语教学评价还强调对学生学习能力的评价，但不是通过学习结果来评价其学习能力，而是通过其在整个学习过程中的学习行为来评价其学习能力的变化发展，最后做一个评估报告，将此作为改进教学与进一步培育学生学习能力的依据。

二、实施高校英语线上线下混合式教学模式的意义

（一）方便灵活

信息科技与互联网的发展及其所带来的便利，使得英语教学视频可以在网上广泛传播，多样化的视频教学形式，如专题讲解、碎片化学习、视听说一体的视频教学等教学形式开始出现，使得英语教学的灵活性大大提高。首先，学生可以通过网络方便快捷地获取多元化的教学资源，不受时间和空间的限制而进行碎片化的学习。其次，教师可以通过网络资源提升自身的专业素质和水平，进而开展形式灵活、多样化的优质教学，提高英语课堂教学效果。

（二）满足需要

在高校英语教学中运用线上线下混合式教学模式，能有效加强学生的学习体验，提升学生的学习效率，而且切合学生的实际需求。首先，网上含有大量的英语教学视频，学生可以根据自身的水平和学习需求，自主选择优质课程，有针对性地利用教学资源。其次，通过线上线下混合式教学模式，学生可以获得丰富的学习体验，会形成自主探究的学习习惯，满足个性化发展需求。

（三）切入精准

相较于传统的教学模式，线上线下混合式教学模式切入点精准，在整体上能够扩展学习空间。该教学模式引发了教师主导的课堂格局的改变：通过丰富的线上资源来充实课堂内容，通过线下形式多样的个性化实践措施丰富学生的学习体验，进而精准地切入学生的爱好点，拓展学生的学习空间。将线上线下两种模式混合应用，能够有效改变教学的思路，切实优化教学质量。

三、实施高校英语线上线下混合式教学模式的方法

（一）带疑探究—讲授示范—动手操作型

1.教师要根据课程教学的目标来找到一个或几个富有探索性的问题，然后将问题以适当的时机和方式向学生提出，并引导他们利用已有的信息技术找寻解决问题的方法。

2.教师利用分解法，将问题由一分多，细致讲解每一个小问题，并进行必要的问题解决示范。

3.学生通过教师的讲解与示范开始尝试解决问题，在这一过程中如果遇到新的问题便开始思考及向教师提出问题，得到解答后再行操作，直到问题得到解决，最终掌握了知识和技能。

4.教师评价学生的学习表现，学生之间也要进行互评。

（二）任务驱动—协作学习型

1.教师以教学内容中的重点和难点为根据，灵活设计信息技术的教学任务和目标。对于任务的设计要遵循由易到难、由简到繁、由外到内。

2.教师给学生布置教学任务，然后让学生自由选择自己的合作伙伴来共同协作开展研究。学生在研究学习的过程中对所获得的一切信息和资料都要注重和同伴分享，一起讨论，一起研究。

3.教师对学生的学习活动进行总结性评价。考察的重点在于学生对信息技术的应用能力。

（三）自主—监控型模式

自主—监控型模式的教学地点是在建立了网络的教室里。具体学习模式为，学生将教师提供的教学资源利用起来进行学习，教师则观察学生的学习过程。为了给学生创造良好的自由氛围，教师可在教室外通过监控观察。当教师发现学生在某环节中遇到问题，则应适当提供帮助。在自主——监控型模式中，学生可根据需要使用网络资源。自主——监控型模式的实施程序如下：

1.教师根据教学目标对教材予以分析，然后以教师认为的最理想的方式向学生呈现教学内容。

2.学生在接受了学习任务后，需利用相关资料或信息进行独立学习或协作学习。在此过程中，教师的任务是观察、监督，并在必要的时候提供适当的指导。

3.教师对学生的学习活动进行总结性评价，总结评价具体到个人。

（四）群体—讲授型模式

群体—讲授模型式是面向多数人（通常为一个班）进行教学的模式。在这种模式下应用的信息技术只是作为一种教学手段出现。该模式的特点主要如下：

1.集文字、图片、声音、图像等多媒体展现教学内容于一身,让学生对课堂教学活动有更为直观的认识和理解,而不再是过往的那种过于抽象的感觉。

2.使用便捷、简单、易操作,如此得以将教学内容快速、及时地呈现出来,这无疑可以大大提高教学的效率。

3.过往教学中那种宏观、微观以及时空间等因素都不再成为限制,如此更加方便教师对教学重难点的把控与教学。

群体——讲授型模式的实施步骤如下:

1.教师在备课阶段就要全面掌握教学内容,并对教学中需要的图片、视频等资料细致选择,对需要演示的课件要设计得当。

2.教师努力创设教学情境,将教学信息展示给学生,引导学生思考。

3.教师对教学活动做总结性评价。

(五)讨论型模式

讨论型模式是教师与学生通过网络进行的实时或非实时交流的一种教学模式。对于这种模式的应用,通常是由教师提出某一问题,然后由学生主要讨论问题。对于学生的讨论,教师要一一听取,这是了解学生学习思维和发现其中可能的问题的好机会。如果发现问题,教师要及时指导。这是一种对学生非常友好的教学模式,不过需要耗费一些时间,教学效率相对较低。该模式的基本步骤如下:

1.教师根据教学目标对教材进行分析,然后以教师认为的最理想的方式向学生呈现课件或网页类的教学内容。

2.学生接受任务后,由教师指导查阅资料或信息进行独立学习或合作学习。要确保在完成学习任务的过程中使用信息技术。

3.教师要对学生的讨论予以总结,学生间也可以互评,当然也可以评价教师的一些观点。

在讨论型模式中,教师要始终尊重学生的主体地位,要允许学生发散思维,对学生的一些奇异思维不要打断,而要做到先倾听,这是鼓励他们尝试创新的良好开始。

(六)研究型课程

研究型课程与当下常见的科学研究的方法已经非常接近了。学生在这种模式的课程中利用信息技术作为工具来分析、归纳、整理各种资料，找寻对解决问题有帮助的信息。

研究型课程中的整合任务是课后的延伸，超越了传统的单一学科学习的框架，它会根据学生个体的认知水平以主题活动的形式呈现生活中的一些问题，以此激发学生的研究兴趣，并完成相应的学习任务。

学生在研究型课程模式中的学习，在设计研究方案、实施方案以及完成任务等环节中都享有相当高的自由度，教师更多只是在选题和资料收集环节中提供些许帮助，如此更能体现学生的主体性和参与性。不过，教师提供的帮助仍旧是不可或缺的，甚至这可能决定学生研究型学习最终的成败。

第三节 鼓励学生自主学习

一、自主学习简述

（一）基本内涵

对于自主学习，国内外很多学者进行过研究和探讨，并发表了自身关于自主学习的一些文献与书籍。下面就重点来介绍几位有代表性的学者。

国外有两位权威的学者对自主学习进行过论述。一位是亨利·霍里克，一位是齐莫曼。

亨利·霍里克在他的《自主性与外语学习》一书中指出，自主学习能力应该包含对学习目标与内容的确立、对学习技巧与方法的选择、对学习过程的监控与评估这几大层面，并且指出学生只有做到了这几点，他们才能真正地对自己的学习负责。亨利·霍里克认为，学生的自主学习能力并不是与生俱来的，往往是后天形成的，甚至需要专门的训练形成。显然，从亨利·霍里克的论述中可以看出，他的自主学习观实际上挑战了传统的学习模式，因此受到了很多学者的认可与支持。

齐莫曼是一位著名的心理学家，因此他对自主学习的论述主要是从心理层面考虑的。齐莫曼基于前人的研究，指出学生只要在动机、元认知、行为三个层面做到积极参与，那么就可以认为他们的学习是自主学习。换句话说，齐莫曼指出了自主学习的三个影响因素，即动机、元认知与行为，其中动机指学生从被动学习转向主动求知；元认知指学生能够对不同阶段的学习进行反思；行为指学生能够从自己的意愿出发选择与创设学习环境。

除了国外学者对自主学习进行研究，我国学者也对自主学习进行了热烈的探讨，他们基于国外的研究成果，并且结合我国的实际情况，对自主学习进行初步的研究。我国学者主要围绕自主学习中师生的角色、自主学习的原因与意义、自主学习的实施等层面展开研究。

我国学者庞维国在他的《自主学习——学与教的原理和策略》一书中，对自主学习的概念进行了明确的界定，这标志着我国关于自主学习的研究取得了突破性进展。在庞维国看来，自主学习是基于能学、想学、会学、坚持学这四个层面基础上的一种学习方式。庞维国还从横向与纵向两个方面来阐释自主学习的概念。就横向角度而言，如果学生能够对自己学习的各个层面进行自觉选择与控制，那么就可以说他们的学习是自主学习；就纵向角度而言，如果学生能够在整个学习过程中挖掘与把握自主学习的实质，那么也可以说他们的学习是自主学习。

虽然国内外学者对于自主学习的界定存在差异，但是大多数学者已经基本达成共识，即自主学习是将学生作为中心，根据学生自身需求进行自主学习规划、自主学习管理、自主学习监控、自主学习评价等。具体而言，自主学习可以划分为以下五个步骤：

1. 学生基于不同需求，分清学习主次，对自己的学习目标进行规划。
2. 学生基于需求选择学习材料，并制定与自己学习风格相符的学习策略。
3. 学生对自己的学习进度、学习时间要合理把控。
4. 学生在学习中要不断反思与调整。
5. 学生要对评价标准有明确的把握，从而对自己的学习效果进行衡量。

（二）基本特征

1. 创造性

学生在进行自主学习时，都包含独特的自我，具有鲜明的个性特征。基于这样的学习方式，教师应该传授给学生具体的学习方式，提纲挈领地向学生介绍相关的学习内容，进而发挥学生的创造性思维，引导他们主动求索。

学生学习的目的在于对已有的知识体系进行激活，并与新的知识体系连接起来，实现知识的再创造，而不是对学习内容的简单复制。当然，学生也不是对学习过程进行简单的复制，而是对自己的学习过程加以合理的管理，对其进行反思与改进，进而对学习中遇到的问题进行解决，不断掌握技能。

2. 开放性

从自主学习的定义中我们可以了解到自主学习具有开放性，即学习内容、学习时间、学习手段、学习组织等都需要具备开放性。换句话说，学生只有基于开放的环境，辅以教师的指导，他们才能更顺利地控制自己的学习，选择适合自己的学习方式。

3. 独立性

说到独立性，那不得不提及依赖性。所谓依赖性的学习，即学习活动建立于依赖性的一面上。自主学习则相反，自主学习是建立在独立性的一面上。

在我国传统的教学中，学生过分依赖教师，这对于学生的学习是十分不利的。自主学习要求学生基于教师的指导，独立自主地进行学习，控制自己的学习进度，做出自己的学习选择与学习决定。

显然，独立性是自主学习的显著特征，是学生自主获取知识与技能的一个重要环节。

4. 民主性

在自主学习中，师生之间是民主、和谐的关系。在教学中，教师扮演着学生学习的鼓励者、组织者、指导者的角色，学生能够随时发表自己的意见和见解。教师与学生之间、学生与其他学生之间可以提出问题，共享结果，彼此相互探讨，从而不断将学生自身的个性张扬出来。

5. 相对性

在现实的学习中，绝对的自主与不自主并不常见。很多学生表现的都是相对性的自主，也就是仅在一些层面表现出自主，其他一些层面则表现出不自主。另外，由于学生的学习大多是在学校进行，因此必然会受到学校的安排，不可能完全脱离对学校和教师的依赖。

了解了自主学习的这一特点，就要求教师根据学生的实际情况，对学生的自主与不自主加以区分，展开针对性的教学。当然，自主学习并不是指学生的学习是随心所欲的。权利与义务是相互统一的关系，自主学习中的自主与责任也是辩证统一的关系，也是相互制约的。

在自主学习中，教师与学生之间应该进行相互协作，彼此相互尊重，教师应该逐步培养学生的自主学习能力，学生也要明白他们自身的权利的建立是以责任作为前提的。

6. 差异性

每个人都具有独立自主性，因此必然会存在先天素质的差异与自身成长环境的差异。在进行学习的时候，基于同样的内容，不同的学生其情感准备、知识储备、学习起点等也都必然存在着差异，因此对教学内容的消化与吸收也是存在差异的。自主学习对学生的差异性予以尊重与认可，对他们的学习方法的差异也是接受的，同时鼓励学生应该有对学习内容与资源的选择权。

二、鼓励学生英语自主学习的意义

（一）满足信息化社会发展的需要

当今社会是一个科技快速发展的社会，信息化时代使人们越来越认识到，学校教育已经远远不能满足学生的知识储备，因此学生需要适应不断变化的环境，满足自身不断变化的职业要求，这仅仅依靠学校获得的知识是远远不够的。也就是说，学生要想适应信息化社会发展的需要，除了要接受学校教师传授的知识，还需要从各种途径、各种渠道挖掘知识，以便充实自己，这就是自主学习的力量。

（二）体现终身教育体系的需要

随着科技、社会的发展，人们意识到需要建立终身教育体系，这一教育体系打破了传统教育体系的封闭性与终极性，使教育成为一个伴随终身、持续不断的过程。未来的社会是一个持续学习的社会，为了与社会的发展相适应，人们就必须要不断学习、不断发展。因此，这也是对学生的要求，通过自主学习，学生能够适应不断变化的社会、不断变化的职业要求，从而不断提升自我质量与自我价值。

三、鼓励学生英语自主学习的方法

（一）贯彻以学生为中心的理念

1. 什么是以学生为中心

以学生为中心是一项崭新的理念，其重视学生在学习中发挥自己的主体地位，对学生的学习需求非常关注，并理解与尊重不同学生个体存在的差异。这一教学理念认为，教学应该对学生的天性予以关注，将学生的潜能发挥出来，激发学生学习的积极性，从而促进学生的全面发展。

所谓以学生为中心的教学，即在教学中将以学生为中心作为价值追求，彰显学生的个性特征，把握不同学生自身的学习规律，同时把握学生的学习需求，开展适合学生学习需求的教学。

以学生为中心的教学强调保证学生的主体地位，但是当前很多学校的教学工作都是按照一定的计划来展开的，因此在物力、资金等教学成本等层面存在限制，为了更好地推进以学生为中心的教学实践，就需要在成本、规模等层面寻找到一个平衡点。可见，判断某一个教学实践是否遵循了以学生为中心，不能仅仅依靠外显的标准，而应该分析其是否以学生为中心作为价值取向，教师是否做到了让更多的学生参与到教学活动中，学生是否真正地完成了学习任务等。

虽然以学生为中心的教学对学生的主体性予以尊重，对学生的学习需求也非常关注，提倡学生应该积极开展自主学习，但是并不意味着所有的教学因素都是由学生自主来决定的，也并不意味着学生的所有需求都需要满足。这是以学生为中心需要注意的一个层面。另外，以学生为中心还需要认识到，高校英语教学的重要目标在于为社会培养出需要的人才，因此以学生为中心的教学不仅要考虑学生的需求，也需要与学生的身心发展规律相适应，同时还需要分析社会对人才的需求，制订科学、合理的计划。

显然，以学生为中心的教学给予了学生充分的尊重，但是这并不意味着教师在教学中是不重要的，甚至很多人认为可以弱化教师的作用。事实上，在以学生为中心的教学中，教师的作用更加凸显，学生学习的主动性、学习效率等都需要教师的指导与激励。教师在以学生为中心的教学中的重要性也决定了教师应该履行自己的责任，即要不断对自己的教学加以反思，进而从学生的需求出发来设置学习目标，鼓励学生积极参与到学习活动中来，帮助学生实现自身的目标。

2. 如何做到以学生为中心

教育的最高境界在于以人为本，要想真正地实现以人为本，最为重要的一点就是教师需要尊重学生，从尊重出发，通过教育来促进学生的全面发展。

（1）尊重学生的个性发展

我国现在的教学对于学生的素质教育非常重视，而个性是素质教育的出发点，只有将学生的个性作为出发点，展开个性化教学，才能使培养出的人才更加学有所长。因此，教师要对学生的个性特征予以尊重，进而不断开发学生的个性，促进学生的全面进步与发展。

（2）尊重学生的主体地位

在教学中，学生为学习的主体，教师的所有活动都是围绕学生需求来展开的。在教学中，教师应该尊重学生的主体地位，将学生的学习兴趣和积极性激发出来，提升他们学习的自主性。

具体而言，无论是在制订教学计划，还是设计教学环节，教师都需要从学生的需求与兴趣出发。同时，教师要对学生的自我管理能力进行培养，引导他们进行创造性思维，养成自主学习的习惯。

（3）尊重学生的自尊心

在人类行为中，自尊心是最具渗透性的一个层面，其对于人类行为有着重要的影响。一个人如果没有一定程度的自尊心，对自己没有充分的了解，是很难进行认知活动与情感活动的。因此，教师要对学生的自尊心予以尊重，多发现学生身上的闪光点，帮助学生更好地成长与进步。

（二）激发学生的学习动机

1. 什么是学习动机

动机（motivation）研究最初始于教育心理学，是指学习者为了满足某学习愿望所做出的努力。第二语言习得和外语教学界从 20 世纪 70 年代开始逐步深入研究动机对于外语学习的影响，我国外语学界则是从 20 世纪 80 年代才开始引入"动机"这一概念，但真正的实证研究则是从 20 世纪 90 年代才开始逐步展开的。

通常认为，学习者的动机程度和其学业水平是高度相关的；后来，甚至有研究在这两者之间建立了因果关系模型。动机可以有不同的分类方法。一般认为，动机可以分为两类，即工具型动机和融入型动机。前者指学习者的功能性目标，如通过某项考试或找工作；后者指学习者有与目的语文化群体结合的愿望。除了以上两类外，还有结果型动机（即源于成功学习的动机）、任务型动机（即学习者执行不同任务时体会到的兴趣）、控制型动机（即学习语言的愿望源自对付和控制目的语的本族语者）。

学习者的学习动机是可塑的，调动学习者内在动机是搞好外语教学的重要环节，个人学习动机是社会文化因素的结果。这个发现对于我国各个层次的语言学习者都是如此，也可以解释国内近些年来的语言"考证热"。值得一提的是，无论是工具型动机，还是融入型动机，都会对外语学习产生重要的影响，所以动机类型并不那么重要，重要的是学习者动机的水平。

2. 如何激发学生的学习动机

当人们认识到学习动机对于外语学习的重要性后，如何激发学生外语学习的动机逐渐引起了人们的关注和重视。J. 布罗菲（Jere Brophy）提出了对教师和学生具有重要指导意义的激励学习动机的方法，具体如下：

（1）树立学习信心

自信心表现为个体对自身的评价、态度和认识，对于外语学习有巨大的激励作用，是进步的基础和成功的动力。具体而言，教师可以从以下几个方面树立学生的信心：制订确实可行的、能够推动学生学业进步的教学计划；对水平较低的学生给予额外的辅导和帮助；重视对学习过程的评价；帮助学生正确对待失败综合征。

（2）激发内在动机

内在动机对学习者的学习有着持久而强有力的促进作用，能够使学习者始终保持着较高的学习兴趣，所以教师应注重对学生内在动机的激发。具体教师可采用以下几种方式：关注学生的能力需求，在设计教学活动时，提供训练多种技能的有特色的、有意义的任务；在教学活动中培养学生的动手、动脑能力；以符合学生的兴趣为教学活动设计的前提；关注学生的归属需求，多设计一些合作型任务。

(3)激发外在动机

外部动机虽然没有内在动机的作用大,但对学生的学习也有一定的促进作用,教师可以从以下几个方面来激发学生的外在动机:重视对学生的学习过程给予评价;表扬和鼓励学生学业上的进步;提倡适当的、合理的竞争,并给每位学生提供平等的竞争机会;激发学生对外语学习工具型价值的重视。

(4)遵守教学原则

教师在开展教学、激发学生学习动机的过程中,应遵循一定的教学原则,具体包含以下几项:重视学习动机中的期望和价值因素;教学的目的是使学生理解、欣赏和应用所学知识;将课堂打造成为学生共同参与合作性学习活动的社区;使用权威管理和社交策略;尽可能提高自身和课堂对学生的吸引力;首先注重培养学生的学习动机。

(三)培养学生应用学习策略的能力

1. 如何培养学生应用学习策略的能力

(1)元认知策略

第一,培养学习者的元认知意识。在元认知策略的内容之中,主要是为了培养学习者的元认知意识。所谓元认知意识,即学习者从自身的学习规律与条件出发,对自己的学习活动进行自觉组织的能力。培养学习者的元认知策略有助于学习者对自己的学习进行更好的管理与支配,使学习者成为学习的主导。在教学中,教师不应该仅仅教会学习者获得知识与体验,还应该鼓励他们进行突破,进而获取新的学习手段与方法。

第二,训练学习者的元认知监控调节策略。教师要想建立的课堂以学习者为中心,就需要将学习者的能动性发挥出来,让学习者运用规划、调控等策略,管理与监督自己的学习行为与过程。同时,教师需要发挥好示范与促进的作用,为学习者安排学习任务的同时,与学习者一起完成任务,这样可以使学习者也主动参与其中,明确自己的目标与内容,对每一次的学习机会都能把握牢固,对自己的学习过程加以管理与监控。

(2)认知策略

语言教学除了要对学习者的语言能力进行培养,还要积极发展学习者的认知能力，以帮助学习者有效解决自己在学习和生活中遇到的各种新问题。也就是说，在学习者的语言学习中，要积极促进其认知的发展。具体来说，可以从以下两个方面入手：

第一，积极引导学习者养成良好的观察习惯。心理学的相关研究表明，一种行为要想被牢固、稳定地保持下来，必须要成为习惯或者说成为动力定型。因此，要想学习者不断提高自己的观察力，必须使其养成自觉观察、勤于观察的好习惯。

第二，积极激发学习者的观察兴趣。在对学习者的观察力进行培养时，一个重要的前提就是激发学习者的观察兴趣。在这一过程中，既可以通过讲述名人善于观察的故事来激发学习者的观察兴趣，也可以结合语言学习行为来激发学习者的观察兴趣。比如，在讲解英语课文时可以通过观察直观教具的方式，帮助学习者在理解课文的同时，提高自己的观察力。

（3）社会策略

根据社会策略的内涵，对学习者社会策略的培养应该从以下几个方面着手：

第一，提高文化意识。在语言学习过程中，学习者常常会因为东西方文化的巨大差异而遇到语言障碍。不同民族有其自身独特的语言，这些语言都是民族文化特色的重要组成内容。在英语学习过程中，教师要引导学生正确认识语言与文化之间的关系，并正视不同文化之间存在的客观差异，从观念上进行思维转换，帮助学生形成更加完善的认知。只有这样，学生才能消除语言学习中因文化差异而引起的不必要的误读，深化对英语学习的理解与掌握。在具体的教学过程中，教师要从不同层面出发，如词汇、句法、语用、思维等，对中西方文化进行科学对比，提高学生跨文化交际意识和能力。

第二，创造使用社会策略的良好氛围。为了提高学习者运用社会策略的效率，教师要注意激发学习者的交际动机。教师应该鼓励学生参与一些跨文化交际活动，让他们对不同文化的差异性有亲身的感受，通过与不同文化背景下的人们进行交流，习得应变能力，并运用所学的知识对跨文化交际中遇到的交际行为问题进行有效解决。在不具备目的语环境的背景下，学生能够运用到的最有力资源就是外籍教师，现在很多高校都有外籍教师，学生多和他们进行交流，观察他们在说话时所运用的交际手段与行为，这样能够不断提升自身的跨文化非语言交际能力。

第三，组织言语交际活动。课堂时间毕竟有限，学生难以得到充分的交际训练，因此不能仅仅依靠课堂教学培养学生的跨文化交际意识与能力。对教师来说，应有效利用课外时间，努力创设第二课堂，组织各种课外活动，营造一个自然的英语学习环境。教师可以根据具体教学情况，组织与跨文化交际主题相关的言语交际活动，如学习沙龙、英语角、英语辩论赛、英语演讲比赛、英语话剧表演等活动。这一方面可以激发学生对英语学习的兴趣，另一方面可以使学生通过参与这些活动，得到训练，提高跨文化交际能力。此外，教师可以鼓励学生阅读优秀的英语国家文学作品，或欣赏反映中西方文化差异的优秀影视作品，在阅读和欣赏中学习文化知识，提升文化素养。

参考文献

[1] 游瑞娇. 语义场视域下的大学英语词汇教学实效及实现路径 [J]. 佳木斯职业学院学报 ,2023,39(03):82-84.

[2] 马明 , 马亮."大思政课"导向下的高校英语教学创新研究 [J]. 佳木斯职业学院学报 ,2023,39(03):70-72.

[3] 莫皓然. 布鲁姆教育目标分类理论视角下初中英语阅读教学活动设计研究 [J]. 基础外语教育 ,2023,25(01):31-38+110.

[4] 樊菁. 基于知识建构理论的低年级英语教学尝试——以译林版一年级上册 Unit 7 I can dance 为例 [J]. 我国教师 ,2023,No.357(02):59-63.

[5] 刘海红. 混合式教学模式下大学英语课程思政实践研究 [J]. 内蒙古师范大学学报 (教育科学版),2023,36(01):149-156.

[6] 郭俊杰. 大数据下 AI 在计算机网络技术中应用研究 [J]. 网络安全技术与应用 ,2023,No.266(02):161-163.

[7] 樊娅楠. 多维度视角下的英语翻译教学——评《认知语言学理论视角下英语教学新向度研究》[J]. 我国教育学刊 ,2023,No.358(02):142.

[8] 李妍 , 庞密香. 概念隐喻理论在英语词汇教学中的应用——以《高级英语》为例 [J]. 英语广场 ,2023,No.220(04):103-106.

[9] 陆天容. 词块理论在大学英语写作教学中的作用探究 [J]. 英语广场 ,2023,No.220(04):95-98.

[10] 黄艳梅. 基于 POA 理论的大学英语教学创新实践研究 [J]. 英语广场 ,2023,No.220(04):107-110.

[11] 李寅婷. 基于"产出导向法"理论的大学英语课程思政教学设计 [J]. 知识窗 (教师版),2023(01):60-62.

[12] 易佳. 互联网环境下基于产出导向的大学英语写作教学理念及其模式新思考——评《信息时代高校英语教学理论重塑与模式转变研究》[J]. 我国科技论文,2023,18(01):122.

[13] 海连. 大数据背景下计算机科学与技术的应用探讨[J]. 数字技术与应用,2023,41(01):49-51.

[14] 宋元."输出驱动假设"理论视域下的大学英语听力活动教学实践[J]. 海外英语,2023,No.486(02):110-112.

[15] 王洁静. 错误分析理论在初中英语写作教学中的应用研究[J]. 海外英语,2023,No.486(02):166-168.

[16] 沈晓兵. 衔接理论在初中英语写作教学中的应用[J]. 中学生英语,2023,No.931(04):29-30.

[17] 韩育芳. 大数据背景下计算机技术在艺术领域的应用研究[J]. 数字通信世界,2023,No.217(01):96-98.

[18] 李艺美. 基于多模态理论的大学英语晨读教学探究[J]. 高教论坛,2023,No.279(01):45-48.

[19] 邸益芬. 基于语境理论的高中英语词汇教学研究[J]. 学周刊,2023,No.534(06):91-93.